Survivez à la crise !

2022-2023 Investir :
Des stratégies rentables et à l'abri de l'inflation pour les débutants afin d'investir dans les crypto-monnaies, les NFT, les obligations, les actions et bien plus encore, et de les négocier.

Edition 3.0

Maison des médias Defi

&

Editions Stellar Moon

Avis de non-responsabilité

Crypto et marchés financiers en temps de guerre ?

La guerre entre la Russie et l'Ukraine est perturbatrice sur tant de fronts. Évidemment pour, surtout, l'Ukraine, mais aussi pour des millions de citoyens et des organisations, gouvernements et processus entiers. Tout est en train d'être rasé, là où les crypto et leurs applications peuvent offrir une perspective. La guerre en Ukraine est le catalyseur de l'adoption des crypto-monnaies. Dans ce chapitre, je vous expliquerai comment la Russie et l'Ukraine utilisent la crypto en cette période de guerre, ainsi que ce que vous pouvez apporter et les avantages et inconvénients du marché de la crypto en temps de guerre.

Cause de la guerre entre l'Ukraine et la Russie
La guerre entre l'Ukraine et la Russie est une grande nouvelle pour le monde entier. Nous sommes tous concernés par les Ukrainiens qui fuient et combattent l'influence de la Russie. Ou plus précisément, l'influence de Poutine. Mais quelle est la cause réelle de cette guerre ?

Les tensions entre l'Occident et la Russie existent depuis des siècles. Au Moyen Âge, les tsars étaient déjà farouchement opposés à l'Occident moderne, et à l'époque du communisme, cela n'a pas changé. Au début des années 1900, le règne des tsars a pris fin et les communistes ont pris le pouvoir. En effet, depuis que Vladimir Poutine dirige la nation, il est devenu beaucoup plus féroce contre l'expansion de l'Union européenne et de l'OTAN.

Mais là encore, si les tensions existent depuis des siècles, pourquoi cette escalade à l'instant ?

Souveraineté de la Russie

La souveraineté, dans le cas de la Russie, signifie que Poutine détient l'autorité suprême sur son propre territoire. Par conséquent, il ne peut apprécier l'influence de l'Occident sur son régime en soutenant les soulèvements. Prenons l'exemple de l'Ukraine, du Kosovo, de la Géorgie et d'autres pays d'Asie centrale.

L'Ukraine se rapproche davantage de l'Ouest que de la Russie voisine, ce que Vladimir n'apprécie guère. Ce qui a commencé comme une démonstration de force, où tout le monde supposait que Poutine voulait montrer l'influence qu'il pouvait réellement exercer, a connu une escalade gigantesque le 24 février 2022, lorsque les troupes russes ont envahi l'Ukraine depuis la Crimée.

La cause exacte de la guerre entre les Russes et l'Ukraine n'est pas claire. Elle est probablement liée à la volonté de Vladimir Poutine de protéger son pays d'une nouvelle désintégration. L'influence des groupes démocratiques menaçait son pouvoir, quelque peu imaginaire. Pendant des mois, il a nié les plans d'attaque, mais à la fin de 2021, Poutine a menacé de prendre des mesures militaro-techniques si l'OTAN ne voulait pas se retirer des pays baltes et de la Pologne.

Finalement, il est devenu clair qu'il s'en tient à son opinion selon laquelle l'Ukraine appartient à la Russie, et le 24 février 2022, il a envahi le pays. Depuis lors, il y a eu une crise massive de réfugiés, une destruction totale, de nombreuses victimes (mortelles) et un problème mondial. Maintenant que l'Ukraine a entamé le processus d'adhésion à l'Union européenne, les relations ne vont pas s'améliorer pour l'instant. Le temps nous dira combien de temps la guerre se poursuivra, mais comment traverser cette période relativement indemne jusqu'à la fin, financièrement parlant ?

Comment les crypto-monnaies sont-elles utilisées par les deux pays ?
Le marché russe des crypto-monnaies était évalué à plus de 200 milliards de dollars en février dernier, soit plus de 12 % du marché mondial. À l'époque, une grande partie de la population était en possession de crypto-monnaies, après quoi le ministère russe des Finances a présenté un projet de loi.

Une interdiction des paiements en crypto pour les services et les biens a été appliquée, ce qui a aussi immédiatement mis une limite au nombre de roubles que les gens pouvaient investir dans les monnaies numériques. L'extraction de crypto-monnaies a également été restreinte.

Fin mars, Pavel Zavalny (président du comité russe de l'énergie, entre autres) a annoncé que les bitcoins seront acceptés par la Russie, lorsqu'il s'agira d'exporter des ressources naturelles. Nous, résidents de l'Ouest, pouvons acheter du gaz essentiel au pays de Poutine, par le biais du troc avec des roubles et de l'or.

Les pays qui ne font pas "pression" sur la Russie sont autorisés à payer dans leur propre monnaie nationale, comme le rouble, la lire et le yuan, par exemple. En bref, si vous soutenez la Russie, les possibilités sont infinies, mais si vous travaillez contre elle ? Alors vous livrez une bataille sans fin.

Crypto en Ukraine
L'Ukraine était encore un peu à part sur le marché de la crypto, mais cela est sur le point de changer. Mykhailo Fedorov, le ministre des affaires numériques, a déjà proposé la légalisation du trading de crypto pour les citoyens l'année dernière. Une proposition a été rédigée et le mois dernier (2022 mars), Zelensky est entré dans l'histoire en y apposant sa signature.

La légalisation du marché des crypto-monnaies en Ukraine permettra d'utiliser les dons en bitcoin (BTC) dans la lutte contre les Russes. Selon le ministère, il s'agit d''"une étape importante pour faire sortir le du marché des crypto-monnaies de l'ombre...". Plus de 50 millions d'euros ont déjà été donnés en crypto-monnaie en peu de temps.

Le rôle des crypto-monnaies dans la crise

Il s'agit de la première guerre mondiale où les crypto-monnaies ont joué un rôle de premier plan. Les gouvernements envisagent de nouvelles lois et réglementations, et le conflit entre la Russie et l'Ukraine est affecté de diverses manières. En introduisant les crypto-monnaies à l'intérieur des frontières russes, une influence peut être exercée sur le régime autoritaire de Moscou. Il existe ainsi une alternative au rouble, qui offre des perspectives économiques, même si Poutine n'aimerait pas voir cela bien sûr.

Du côté des opposants aux crypto-monnaies, on parle surtout d'encourager les transactions illégales et d'un moyen pour les entités de contourner les sanctions.

Pour l'Ukraine, les pièces numériques sont importantes car elles peuvent les utiliser pour faire rentrer des dons. Le ministère de la transformation numérique a développé un excellent site à cet effet, avec un slogan accrocheur : "ne nous laissez pas seuls avec l'ennemi".

Ils ont déjà récolté plus de 60 millions de dollars et avec plus de 70 pièces, vous pouvez soutenir les Ukrainiens dans leur " combat pour la liberté ". La plus grande bourse du pays de l'Est, Kuna.io, aide à collecter autant d'argent de soutien que possible. À ce jour, la plupart des dons proviennent de consommateurs du monde entier.

Comment les crypto-dons sont-ils déployés par l'Ukraine ?
Il s'agit d'une méthode moderne de crowdfunding, qui présente plusieurs avantages et inconvénients. Nous en parlerons plus tard dans cet chapitre. Tout d'abord, nous allons voir ce que Zelensky fait principalement avec tous ces fonds, afin de renforcer sa nation.

Pour commencer, il peut effectuer des transactions plus facilement, puisqu'il n'est pas nécessaire de faire intervenir un tiers. Cela évite le risque de blocages, puisqu'il n'y a pas de pouvoir avec d'autres parties. L'armée reçoit également un soutien, avec lequel elle investit dans des matériaux non létaux, comme des gilets pare-balles et d'autres matériaux pour soutenir les soldats ukrainiens.

Dans le processus, les soldats russes sont également payés en bitcoins (BTC), s'ils se rendent. Ils reçoivent alors 5 millions de roubles russes, ce qui se convertit en plus de 43 000 €, et ils sont autorisés à retourner dans leur pays sans être punis par l'Ukraine.

Un projet spécial en crypto a également vu le jour et permet de faire des dons et des investissements : HUKR (Help Ukraine).

Où aboutissent les dons en crypto-monnaies ?
Avec leur slogan "Investir pour donner", ils transfèrent les fonds à des organisations caritatives, comme par exemple :

- Soldats ressuscités Ukraine
- NOVA Ukraine
- Fondation USA-Ukraine
- Comité international de la Croix-Rouge
- Espoir pour l'Ukraine
- Fondation LELEKA
- Fonds d'aide aux enfants d'Ukraine

Les fonds sont utilisés pour acheter des ressources essentielles pour les civils, ainsi que pour gérer les évacuations.

Avantages et inconvénients des crypto-monnaies en temps de guerre

Avantages

Effectuer des transactions sans l'intervention d'un tiers
Une plus grande attention portée à la réglementation
La stagflation* ouvre la voie à un nouveau système financier
La stagflation est un porte-manteau de l'inflation et de la stagnation. Lorsque l'inflation est élevée, la croissance économique ralentit et le chômage reste élevé.

Inconvénients

Impact négatif possible sur le marché (crypto).
Les utilisateurs russes ne sont de préférence pas bloqués, en raison de la nature décentralisée.

Pourquoi la crypto n'est-elle pas en plein essor ?

Le marché des crypto-monnaies est fait pour cette situation. Une monnaie décentralisée, anonyme et numérique est exactement ce dont nous avons besoin. Les fanatiques de la crypto disent souvent : "Attendez que la guerre éclate" et "Attendez que les grandes banques fassent de la censure". Cependant, maintenant que la guerre a éclaté, il n'y a pas d'activité florissante dans l'industrie de la crypto. Comment cela peut-il être possible ?

Selon les spécialistes, il y a plusieurs explications à cela. Il est important de savoir que cela ne signifie absolument pas la fin du système décentralisé, au contraire. Le problème, en fait, est que le "citoyen ordinaire" comprend encore trop peu la crypto. Même l'élite ukrainienne a du mal à convertir ses actifs en crypto-monnaies, notamment parce que la connexion internet est très mauvaise.

Un autre facteur est la forte volatilité du bitcoin (BTC). En raison des fluctuations extrêmes des prix, la pièce n'est pas encore utilisable à des fins économiques et politiques, notamment pour contrer l'instabilité de l'économie. Le vice-ministre ukrainien de la transformation numérique, Alex Bornyakov, a déclaré ce qui suit au sujet du rôle des crypto dans la crise actuelle. "Dans une situation comme celle-ci, où la banque nationale ne fonctionne pas pleinement, la crypto aide à effectuer des transferts rapides, à rendre les choses très rapides et à obtenir des résultats presque immédiatement."

Ce faisant, il a également tenu un discours prudent : "Je ne pense pas que la crypto joue un rôle majeur, mais son rôle est essentiel dans ce conflit pour aider notre armée."

Dans ce chapitre, nous avons abordé toutes sortes d'aspects liés à la guerre entre l'Ukraine et la Russie et aux crypto-monnaies. L'utilisation des crypto-monnaies présente à la fois des avantages et des inconvénients, car le marché est loin d'être intégré partout. L'un des avantages est certainement la nature décentralisée, mais il y a bien sûr beaucoup plus en jeu en temps de guerre. Le fait que l'argent puisse être collecté de manière indépendante, sans l'implication des superpuissances, est bien sûr époustouflant. Les militaires et les civils ukrainiens peuvent ainsi recevoir des fonds pour se mettre en sécurité ou mettre leurs concitoyens en sécurité. De l'argent est également disponible de cette manière pour investir dans des armes ou des outils, dont les Russes ne peuvent leur refuser l'accès.

Dans l'ensemble, on peut dire que l'utilisation des crypto-monnaies peut accroître et assurer le développement, la sécurité et le logement des personnes dans le monde entier. Ce faisant, elle offre des possibilités de lever des fonds sans obstacles et de les déployer là où ils sont le plus nécessaires. Comme de plus en plus de personnes se familiarisent avec le monde de la crypto et commencent à convertir leurs

actifs (en partie) en monnaies numériques, on s'attend
à une poussée de croissance significative.

Note : Si vous vous êtes enthousiasmé pour la crypto et
ses applications ? Alors allez-y et faites les recherches
vous-même. Ne vous laissez pas guider par
l'enthousiasme ou l'opinion des autres ou par votre
instinct, mais faites de vraies recherches.

Table des matières

Votre livre GRATUIT

Si vous voulez faire un début profitable dans le monde des crypto-monnaies, assurez-vous de télécharger notre bonus gratuit avec **12 conseils extrêmement précieux pour les débutants !**

Avec ce livre et ces conseils, vous êtes assuré de prendre un bon départ dans vos futurs investissements !

Inscrivez-vous ici pour obtenir un accès instantané et lancer votre succès en crypto :

https://campsite.bio/stellarmoonpublishing

ESSENTIAL
TRADING TIPS
2021-2022
12 VALUABLE
TRADING TIPS
FOR BEGINNERS
Stellar Moon Publishing

Vous cherchez une nouvelle façon d'investir ?

Vous cherchez à gagner de l'argent ?

Vous souhaitez investir mais ne savez pas par où commencer ?

Vous voulez commencer votre trading de crypto avec les connaissances d'experts réputés en finance et en investissement ?

Le cours Expert Trading crypto est le cours le plus complet sur le trading et l'investissement avec les crypto-monnaies. Vous apprendrez à trader en seulement quelques minutes par jour. Nous vous enseignons tout, de l'analyse technique à la gestion des risques, et bien plus encore.

Notre objectif est de vous aider à devenir un trader performant afin d'assurer votre avenir financier.

Investir n'a jamais été aussi facile grâce à notre plan d'action étape par étape qui enseigne aux débutants comment trader comme un expert - avec la possibilité de réaliser d'énormes profits !

La meilleure partie de ce cours est enseignée par des experts. Alors, qu'attendez-vous ? Commencez dès aujourd'hui !

Pour plus d'informations, consultez ce lien :

https://payhip.com/b/ork8N

Nos livres

Consultez notre autre livre pour en savoir plus sur les NFT, le trading et la vente de NFT, comment faire des bénéfices et les conseils et stratégies essentiels pour un démarrage sans faille dans l'univers des NFT.

Rejoignez le cercle exclusif d'édition Stellar Moon, vous obtiendrez un accès instantané à **12 astuces Crypto extrêmement précieuses** !

En outre, vous bénéficierez d'un accès instantané à notre liste de diffusion avec des mises à jour de nos experts chaque semaine !

Inscrivez-vous ici dès aujourd'hui :

WEB 3.0

L'internet : depuis longtemps, il fait partie de notre vie quotidienne. Au fil des ans, cependant, l'internet a connu de nombreuses évolutions. Alors qu'auparavant nous ne pouvions que lire du texte, le web est devenu très interactif.

Il semble que nous soyons à la veille d'un nouveau changement radical sur le Web. En fait, on parle beaucoup du passage du Web2.0 au Web3.0. Mais qu'est-ce que le Web3.0 exactement et comment fonctionne-t-il ?

L'histoire du Web
Pour bien comprendre ce qu'est le Web3.0, il convient d'abord de se pencher sur l'histoire du Web. Avant le Web3.0, nous avions le Web1.0 et le Web2.0. Lorsque vous comprenez exactement ce qu'étaient ces deux premiers Web, il est beaucoup plus facile de comprendre ce qu'est exactement le Web3.0 et pourquoi il pourrait être l'avenir.

Qu'est-ce que le Web1.0 ?
Donc, tout d'abord, regardons le début du Web : Web1.0. Web1.0 est la première forme du Web, les premiers jours de l'Internet. Le Web1.0 n'a obtenu son nom qu'avec le Web2.0, mais cela n'a pas d'importance pour l'instant. Le Web1.0 a vu le jour en 1993, lorsque le World Wide Web a été ouvert à tous, et a pris fin en 1998, lorsque le Web2.0 a vu le jour.

Le Web1.0 était constitué de sites Web simples. Imaginez une page Web où vous ne pouviez pas vraiment faire quoi que ce soit, juste lire des informations. Ce n'était pas interactif, mais il y avait beaucoup de contenu disponible. Il s'agissait essentiellement de livres, mais traités sur le web.

À ce stade, le web ne représentait pas grand-chose, mais c'était un moyen pour les gens de disposer d'un grand nombre d'informations. Les bases de ce qui allait devenir le Web2.0 et maintenant le Web3.0 ont été posées ici.

L'histoire du Web

Pour comprendre ce qu'est le Web3.0, il convient d'abord de se pencher sur l'histoire du Web. Avant le Web3.0, nous avions le Web1.0 et le Web2.0. Lorsque vous comprenez exactement ce qu'étaient ces deux premiers Web, il est beaucoup plus facile de comprendre ce qu'est exactement le Web3.0 et pourquoi il pourrait être l'avenir.

Qu'est-ce que le Web1.0 ?

Donc, tout d'abord, regardons le début du Web : Web1.0. Web1.0 est la première forme du Web, les premiers jours de l'Internet. Le Web1.0 n'a obtenu son nom qu'avec le Web2.0, mais cela n'a pas d'importance pour l'instant. Le Web1.0 a vu le jour en 1993, lorsque le World Wide Web a été ouvert à tous, et a pris fin en 1998, lorsque le Web2.0 a vu le jour.

Le Web1.0 était constitué de sites Web simples.
Imaginez une page Web où vous ne pouviez pas
vraiment faire quoi que ce soit, juste lire des
informations. Ce n'était pas interactif, mais il y avait
beaucoup de contenu disponible. Il s'agissait
essentiellement de livres, mais traités sur le web.

À ce stade, le web ne représentait pas grand-chose,
mais c'était un moyen pour les gens de disposer d'un
grand nombre d'informations. Les bases de ce qui allait
devenir le Web2.0 et maintenant le Web3.0 ont été
posées ici.

Qu'est-ce que le Web2.0 ?
En 1998, nous avons fait la transition vers le Web2.0. Au
cours du Web2.0, le Web a été de plus en plus utilisé
comme outil de communication. Désormais, les
utilisateurs de l'internet pouvaient réellement
commencer à contribuer au web. Le web est devenu de
plus en plus interactif.

Désormais, vous disposiez non seulement de pages web
de type encyclopédique, mais aussi de sites de réseaux
sociaux, de blogs, de sites web vidéo, etc. Le Web2.0 est
en gros la façon dont nous connaissons l'internet
aujourd'hui. Vous pouvez faire à peu près tout ce que
vous pouvez imaginer.

Vous pouvez également ajouter vous-même quelque
chose à l'internet, par exemple en créant votre propre

site web ou en postant un commentaire sous une page, mais vous n'êtes pas le patron. Les grands acteurs comme Google, Facebook et Amazon déterminent toujours ce qui se passe, par exemple par le biais d'algorithmes, mais aussi simplement par leur influence.

Qu'est-ce que le Web3.0 ?
Ce dernier point va changer avec le Web3.0. Dans le Web3.0, nous devenons tous les patrons du Web. L'open source est une partie importante du Web3.0, tout le monde peut ajouter quelque chose au Web3.0.

En outre, toutes les données seront connectées de manière décentralisée. C'est peut-être le plus grand changement par rapport au Web2.0. Alors que les données étaient auparavant entre les mains d'un certain nombre de grands acteurs (centraux), dans le Web3.0, elles sont stockées de manière décentralisée.

La probabilité que les crypto-monnaies et la blockchain contribuent au Web3.0 est très grande. La blockchain est également décentralisée et c'est aussi un grand livre dans lequel les données peuvent être stockées. Cela correspond exactement à Web3.0, pourrait-on dire.

Les contrats intelligents peuvent aussi contribuer énormément au Web3.0. Les contrats intelligents sont des contrats entièrement numériques, constitués de code informatique. Les contrats intelligents peuvent garantir que certaines tâches sont exécutées automatiquement, mais en toute sécurité, sans avoir recours à un intermédiaire.

Dans le Web3.0, le Web traiterait plus intelligemment les données et serait capable de les traiter de manière décentralisée et automatique. Tout le monde contribuerait au web et il n'y aurait plus de véritables superpuissances pour contrôler le web.

Les avantages et les inconvénients du Web3.0
Comme toute chose, le Web3.0 présente des avantages et des inconvénients. Examinons maintenant ces avantages et ces inconvénients.

Les avantages
Tout d'abord, nous allons examiner les avantages. Le premier avantage, bien sûr, est de connecter toutes les données. L'Internet devient en quelque sorte une grande toile, dans laquelle toutes les données sont stockées de manière décentralisée.

Un autre avantage est que la mise en page est souvent belle, tout en étant simple. La navigation sur le web sera également beaucoup plus productive et il y aura davantage de coopération entre les utilisateurs, par exemple grâce à l'open source.

En outre, le travail via l'internet sera plus efficace et plus facile car il est plus personnalisé. Vous décidez de ce que vous voyez, et ce n'est plus déterminé par des superpuissances comme Facebook ou Google.

C'est aussi quelque chose que beaucoup de gens considèrent comme un avantage. Il est décentralisé, et les grands acteurs ne sont plus responsables de votre activité sur Internet. C'est bien sûr à vous de voir si vous y voyez un avantage.

Ce sont les principaux avantages du Web3.0, mais lorsque le Web3.0 sera plus largement utilisé, nous pourrons dire quels sont les principaux avantages de cette nouvelle forme d'Internet.

Les inconvénients
Bien sûr, le Web3.0 présente aussi quelques inconvénients. Les appareils plus anciens ne bénéficieront probablement pas du Web3.0. Ces appareils sont trop vieux et peuvent ne pas être en mesure de se connecter au réseau.

En outre, les sites Web datant de la période Web1.0 commenceront à paraître très dépassés. Par conséquent, ils ne seront probablement plus utilisés et seront "enterrés" quelque part sur le web.

En outre, le Web3.0 sera probablement assez difficile à comprendre au début pour les nouveaux venus. Par exemple, pour les personnes qui ont déjà utilisé divers protocoles de blockchain, ce ne sera pas si difficile, mais quelqu'un qui n'a absolument aucune expérience dans ce domaine aura besoin de conseils au début.

Un autre inconvénient est qu'il va être potentiellement facile de trouver des informations sur d'autres utilisateurs. Comme tout est stocké dans un grand réseau d'informations et est public, vous pouvez également y trouver beaucoup d'informations sur d'autres utilisateurs.

Le fait qu'il n'y ait plus de superpuissance en charge de ce qui se passe peut également être considéré par les gens comme un inconvénient. Bien qu'il ne soit évidemment pas idéal de devoir regarder une publicité tous les 3 messages sur Facebook, par exemple, Facebook s'assure que tout est sur la bonne voie. Ils s'assurent que les publications sont vérifiées et que tout reste sûr. Ils éliminent les escrocs de la plateforme et vous protègent des choses que vous ne voulez peut-être pas voir. Rien de tout cela ne sera le cas une fois que le Web3.0 sera pleinement adopté. Il n'y a plus de superpuissances qui contrôlent tout, et donc par exemple vous pourriez aussi être plus facilement exposé aux escrocs ou à d'autres parties avec lesquelles vous ne voulez pas avoir affaire.

Exemples de Web3.0
Bien sûr, on ne peut vraiment se faire une idée de ce que peut être le Web3.0 que lorsqu'on dispose d'exemples concrets de Web3.0. Le mieux est de le comparer aux dApps, telles que nous les connaissons déjà.

dApp signifie application décentralisée. Vous pouvez en fait considérer les dApps comme le logiciel de la blockchain.

Les logiciels tels que nous les utilisons actuellement, comme Microsoft Word, Google et GTA V, sont décentralisés. Les utilisateurs ne peuvent pas simplement voir comment il fonctionne et ne peuvent pas simplement collaborer à son élaboration.

Avec les dApps, et comme nous l'avons expliqué précédemment à propos du Web3.0, cela est possible car il s'agit d'une source ouverte. Cela signifie que le code du logiciel est public et que tout le monde peut y accéder, le copier et l'utiliser.

À l'heure actuelle, les exemples de dApps sont des DEX (échanges décentralisés). Un échange décentralisé est un échange sur lequel personne n'a le contrôle, contrairement aux échanges centralisés. La liquidité est fournie par les utilisateurs et l'ensemble de la bourse peut exister grâce aux efforts des utilisateurs.

Un exemple concret d'une dApp est, par exemple, Augur. Augur est une dApp sur le réseau Ethereum et vous pouvez en fait la comparer à Unibet. Vous pouvez utiliser Augur pour parier sur le résultat de certains événements. Par exemple, pensez aux événements sportifs, comme les combats de MMA ou les matchs de baseball de la MLB, mais aussi aux résultats du marché des crypto-monnaies. Par exemple, vous pouvez parier sur le fait que le prix d'une crypto-monnaie particulière soit supérieur à un certain objectif à une certaine date. Augur est donc complètement décentralisé et open source.

Un autre exemple concret d'une dApp est Everipedia. Everipedia est une dApp sur le réseau blockchain et la meilleure façon de comparer Everipedia à Wikipédia. Everipedia contient des informations et des nouvelles sur pratiquement tout ce qui concerne la blockchain. Tout le monde peut ajouter des articles à Everipedia et le réseau est complètement décentralisé. Ainsi, par exemple, personne ne décide de ce qui est autorisé ou non sur la plateforme, car personne n'a de pouvoir sur la plateforme.

Investir dans le Web3.0
En lisant ce blog, vous vous êtes peut-être demandé comment investir dans le Web3.0 ? Cette question n'a rien d'insensé, car la popularité du Web3.0 a augmenté à un rythme effréné ces derniers mois. La façon la plus évidente d'investir dans le Web3.0 est d'investir dans des protocoles Web3.0, comme l'une des dApps mentionnées précédemment.

Par exemple, vous pouvez investir dans le jeton d'un DEX. Pensez au jeton d'Uniswap, UNI, ou au jeton de PancakeSwap, CAKE. Lorsque vous investissez dans le jeton d'un DEX, vous investissez essentiellement dans le succès du DEX. En fait, le jeton sert souvent de jeton de gouvernance, par exemple. Cela signifie que les propriétaires du jeton peuvent voter sur l'avenir de la plateforme. Ainsi, plus les gens utilisent la plateforme, plus les gens voudront participer à la prise de décision, plus les gens achèteront le jeton et cela ferait alors monter le prix.

Un autre exemple concret d'investissement dans le Web3.0 est, par exemple, Filecoin. Filecoin est un protocole décentralisé qui permet à quiconque de "prêter" de l'espace de stockage sur son ordinateur. De même, tout le monde peut " acheter " de l'espace sur le réseau. Il est en fait similaire à Google Cloud ou Amazon Web Services tels que nous les connaissons aujourd'hui, à ceci près que l'espace est prêté par les utilisateurs eux-mêmes, plutôt que par les superpuissances, en l'occurrence Google et Amazon.

De cette façon, il existe un projet Web3.0 pour presque tout ce que nous voyons actuellement sur Internet. Avec un peu de recherche, vous pouvez souvent trouver un projet Web3.0 qui offre une solution à un certain problème et vous pouvez y investir.

Le Web3.0 pourrait être le nouvel internet. Il semble de plus en plus qu'après le Web1.0 et le Web2.0, nous nous dirigeons maintenant vers le Web3.0.

Le Web3.0 est une nouvelle forme d'Internet, où le pouvoir n'est plus entre les mains de quelques superpuissances. Non seulement le pouvoir n'est plus entre les mains de quelques superpuissances, mais tous ceux qui l'utilisent y contribuent en même temps. De plus, il est parfaitement réglé puisque chacun le veut pour lui-même.

Cela semble idéal, bien sûr ! Mais il y a bien sûr des avantages et des inconvénients à cela. Par exemple, vous pouvez considérer comme un avantage, mais aussi comme un inconvénient, le fait qu'il n'y ait plus de superpuissances dans le jeu et que tout soit décentralisé.

Bien que l'on ne détermine plus pour vous ce que vous pouvez voir, on ne contrôle plus non plus ce que vous pouvez voir. Ainsi, par exemple, vous pouvez être plus facilement exposé aux escrocs.

Il y a certainement une chance que le Web3.0 soit présent partout d'ici quelques années, et vous pourriez donc investir dans ce secteur. Cependant, rien de ce que vous avez lu dans ce blog n'est un conseil financier. Vous devez donc toujours faire vos propres recherches et n'investir qu'en fonction de vos propres conclusions.

La feuille de route d'Ethereum

Ethereum est connu comme la première plateforme de contrats intelligents, qui a été lancée en 2015 et qui a été favorisée par les développeurs, les utilisateurs et les investisseurs depuis lors. Malgré le fait que l'intérêt pour Ethereum soit très élevé depuis des années, et que la technologie soit largement utilisée, la plateforme est loin d'être terminée.

Vitalik Buterin, le fondateur et PDG d'Ethereum, a indiqué lors de l'événement EthCC qu'Ethereum n'est actuellement terminé qu'à 40 %. Il y a donc encore beaucoup de chemin à parcourir. Au cours de ce même événement, le PDG a évoqué les étapes qui doivent encore être franchies pour achever le projet, créant ainsi une sorte de "feuille de route Ethereum".

La feuille de route se compose de cinq parties au total. Dans ce chapitre, vous découvrirez à quoi ressemble la feuille de route d'Ethereum et ce qu'elle signifie pour les investisseurs, les développeurs et les utilisateurs de la blockchain Ethereum.

La blockchain Ethereum
Si le bitcoin est considéré comme le porte-manteau du marché des crypto-monnaies, où toutes les altcoins font office de manteaux, on pourrait dire qu'Ethereum joue un rôle similaire. La blockchain d'Ethereum est considérée comme le porte-manteau d'un nouveau type d'Internet.

Ethereum est la base des applications décentralisées (dApps) et des contrats intelligents, qui peuvent être créés sur la blockchain d'Ethereum. Grâce à la technologie blockchain, le développement ou la création de ces applications est beaucoup plus sûr et transparent, ce qui est en partie dû au fait que le projet de Vitalik Buterin est un protocole blockchain open-source.

Si vous voulez créer votre propre dApp ou smart contract sur le réseau Ethereum, vous devrez comprendre la nécessité de la programmation. Pour programmer sur Ethereum, vous devrez découvrir le langage de programmation d'Ethereum. Ce langage de programmation s'appelle Solidity et est présenté comme un moyen simple de créer des dApps ou des smart contracts.

Actuellement (juillet 2022), Ethereum utilise toujours le système Proof-of-Work (PoW), dans lequel des ordinateurs sont déployés pour assurer la sécurité du réseau. Pour cet effort, ces mineurs sont récompensés sous la forme d'ETH, la monnaie d'Ethereum.

L'objectif d'Ethereum est de passer au système Proof-of-Stake (PoS) d'ici 2022, où les ordinateurs n'ont plus besoin de miner, mais où la cessation d'Ethereum est importante. Cette méthode est considérée comme une alternative durable et meilleure pour l'environnement.

Vitalik Buterin

L'homme important d'Ethereum est Vitalik Buterin. Il est le fondateur et le PDG d'Ethereum, et a vu l'énorme potentiel de son projet il y a des années. Cependant, ce qui est notable, c'est qu'il a fait savoir par le passé que la blockchain Ethereum ne prenait pas en compte les NFT.

Qui sait, nous pourrions rencontrer des moments similaires à l'avenir, où un marché complètement nouveau émerge et où la feuille de route d'Ethereum s'avère ne pas être complètement terminée. Pour l'instant, l'accent est mis sur cinq composants différents, que Buterin a annoncés lors de l'EthCC.

EthCC est l'acronyme de Ethereum Community Conference, et s'est tenue en France. Buterin y a parlé de la feuille de route et des différents noms qu'il a donnés aux composants. Tous les noms sont similaires et riment les uns avec les autres. Il peut donc être difficile de se souvenir de tous les noms dans l'ordre.

La fusion

M. Buterin a indiqué que le protocole Ethereum n'était achevé qu'à 40 %, mais que The Merge permettrait d'atteindre 55 %. Lorsque la fusion sera terminée, le PDG pense que le projet aura progressé de 15 %. La fusion a donc un impact considérable sur Ethereum, mais de quoi s'agit-il exactement ?

La fusion est une fusion de la chaîne Beacon et de la blockchain traditionnelle d'Ethereum, ou mainnet d'Ethereum. Cette fusion est un développement important pour la communauté d'Ethereum, car elle travaille sur ce mouvement depuis des années. Si la fusion échoue, des années d'argent et de développement auront été gaspillées.

La fusion du réseau principal et de la chaîne Beacon signifie également qu'Ethereum passe à la preuve d'enjeu (PoS). Un moment unique, jamais vu auparavant dans le monde de la cryptographie.

Mon collègue Matt a précédemment écrit un blog sur La Fusion, que vous pouvez découvrir via ce lien. Matt y donne plus de détails sur la fusion et sur les implications de ce développement.

The Surge
Outre les coûts de transaction élevés, l'évolutivité est un problème majeur d'Ethereum. De nombreux investisseurs et utilisateurs se tournent vers d'autres plateformes blockchain, car elles sont moins affectées par ces problèmes. Cependant, avec The Surge, cela pourrait changer à l'avenir.

Au cours de The Surge, la deuxième partie de la feuille de route d'Ethereum, le sharding sera ajouté. Le sharding signifie que le réseau sera divisé en plusieurs parties, ce qui permettra une meilleure gestion du réseau. Une des conséquences de The Surge est que les rollups deviendront beaucoup moins chers. En outre, les nœuds seront plus faciles à gérer.

The Verge

Lorsque les développements autour du protocole Ethereum sont à moitié terminés, le protocole se retrouve à la section The Verge. À cette étape, l'accent sera mis sur les nœuds et les validateurs. Ces aspects constituent une partie importante de la technologie blockchain.

L'ajustement qui est effectué à The Verge est appelé "Verkle Trees" par Buterin. Ce faisant, la taille du nœud devient plus petite, et Ethereum devient plus évolutif. Ce faisant, il devient possible de devenir un valideur du réseau, tout en n'ayant pas à stocker de grandes quantités de données.

Ethereum est considéré comme une plateforme centralisée, mais avec The Verge, cela va changer. Buterin lui-même qualifie ce mouvement de bon pas pour la décentralisation du protocole Ethereum.

Souvent les projets, qui ont des plans décentralisés, commencent comme un projet centralisé. Au fur et à mesure que le projet se développe et que la décentralisation devient plus réalisable, elle sera mise en œuvre. La décentralisation a été l'un des points centraux depuis la création des crypto-monnaies, et Ethereum ne l'a pas encore perdu de vue.

La Purge

Avec le quatrième volet des plans d'avenir d'Ethereum, la fin semble se rapprocher lentement. Ce volet s'appelle The Purge. Cette partie consiste à s'attaquer à l'historique du réseau sur la plateforme. Dans le processus, il purgera les anciennes données, ce qui devrait permettre un meilleur fonctionnement du protocole.

Buterin a déclaré que grâce à The Purge, le protocole est simplifié en ne demandant pas aux nœuds de stocker l'historique. Par conséquent, les nœuds disposent de plus d'espace libre sur le disque dur, car le protocole en demande simplement moins.

La folie des grandeurs

La cinquième et dernière partie de la feuille de route d'Ethereum est appelée The Splurge. Lorsque l'équipe arrive à cette étape, la plupart du travail a déjà été effectué et les principales étapes ont été franchies. Il est maintenant temps de travailler, ce que Buterin appelle les "trucs amusants".

Cette partie des plans est destinée à diverses petites mises à jour et à la maintenance. Ces mises à jour et cette maintenance permettront à la plateforme de contrats intelligents d'Ethereum de rester opérationnelle et de compléter la feuille de route.

Constituez vos fonds de retraite

Nous vivons actuellement une période difficile, et pas seulement sur le plan financier. Le changement climatique, la crise des réfugiés, une guerre, une inflation galopante et une crise sanitaire mondiale. De nombreux problèmes dont vous pouvez vous préoccuper, mais à votre petite échelle.

Mais votre situation financière, elle, peut certainement changer. Dans ce chapitre, je vais vous présenter trois façons d'augmenter votre retraite, afin que vous puissiez vraiment profiter de vos vieux jours.

Mettre de l'argent de côté pour une retraite sans souci
Nous connaissons tous la pension de retraite, car qui n'épargne pas pour une vieillesse tranquille ? Aux Pays-Bas, nous recevons tous une AOW qui couvre largement nos dépenses de base. Si vous voulez profiter un peu plus de la vie, par exemple en mangeant au restaurant, en partant en vacances et en achetant de temps en temps les derniers gadgets, la pension de vieillesse ne suffit pas. En tout cas pas dans une société de plus en plus chère ! Mais comment se constituer ce capital, afin d'être au moins assuré d'une dernière étape agréable de la vie ?

Vous pouvez le faire au moyen d'une épargne-pension complémentaire. En augmentant votre plafond de dépenses futures, vous pouvez déjà bénéficier d'avantages fiscaux. Il existe trois moyens dont nous allons parler ici : l'investissement, l'épargne et l'épargne bancaire.

1. Épargne

L'épargne était autrefois la norme. Chaque mois, une partie des revenus était mise de côté, afin de disposer de réserves suffisantes pour les vacances ou si la machine à laver tombait en panne. Une pension était simplement constituée auprès de l'employeur, ce qui était autrefois l'étalon-or. Aujourd'hui, cela ne va plus de soi et il existe tellement de variantes du contrat de travail traditionnel qu'il y a plus de personnes sans assurance pension que de personnes qui en bénéficient.

L'épargne est un moyen de se constituer un patrimoine supplémentaire, mais il ne faut pas avoir trop de revers. Un taux d'épargne négatif et une inflation galopante, comme c'est le cas actuellement, sont comme une goutte d'eau dans l'océan. Quels sont les avantages et les inconvénients de cette méthode d'épargne-retraite supplémentaire ?

Avantages
- L'argent est simplement sur votre compte d'épargne, vous pouvez donc le retirer à tout moment ;
- De nos jours, il est possible d'épargner automatiquement à la banque, ce qui permet de se constituer un patrimoine sans s'en rendre compte.

Inconvénients

- Vous payez déjà l'impôt sur la fortune au-delà de 50 650 € (2022) ;
- Avec les taux d'intérêt actuels, vous allez reculer au lieu d'avancer ;
- Un rendement faible sur le long terme, donc une mauvaise nouvelle pour votre pension ;
- L'inflation galopante n'est pas un bon effet secondaire.

2. L'épargne bancaire

Autrefois, l'épargne bancaire était plus normale qu'aujourd'hui, car on l'appelle aussi compte d'épargne par annuités. Si, comme moi, vous êtes un millénaire, alors vous ne serez pas aussi familier avec cela. Non seulement cette forme d'épargne est un peu désuète en termes d'utilisation, mais en tant que compte de rente, elle n'est plus aussi lucrative. Jetez un coup d'œil !

Avantages
- Constituez lentement votre patrimoine, jusqu'à votre retraite ;
- Vous savez déjà ce que vous recevrez mensuellement par la suite ;
- Vous ne payez pas d'impôts aujourd'hui, mais vous en payerez lors du remboursement.

Inconvénients
- Pas de possibilité de prendre une retraite anticipée et de profiter de ce volant ;
- Une manière complexe d'épargner, en raison des règles fiscales ;

- Il faut passer par un intermédiaire, donc c'est aussi une proposition coûteuse.

3. Investir pour la retraite

Investir pour votre retraite est bien sûr l'option la plus intéressante. Vous pouvez investir dans toutes sortes d'actifs, de sorte que vous pouvez investir dans votre avenir avec un portefeuille diversifié. Bien entendu, il ne s'agit pas d'un conseil financier, car vous devez toujours faire vos propres recherches ! Ne faites pas aveuglément confiance à l'opinion de quelqu'un d'autre et ne suivez pas non plus l'intuition de quelqu'un d'autre, car il s'agit de votre argent ! Cela dit, j'aimerais examiner de plus près les placements en vue de la retraite.

Choisissez d'investir dans des actions, des biens immobiliers, des obligations, des NFT, des crypto et des fonds communs de placement. Que vous déposiez un montant mensuel en bitcoins (BTC), que vous achetiez régulièrement des actions via Etorro, que vous investissiez dans l'or ou que vous ajoutiez simplement les ETF de BitPanda : le choix vous appartient !

Attention : l'investissement dans les pensions est une forme officielle d'épargne-pension, où vos options sont limitées. Par exemple, vous pouvez effectuer des dépôts dans le cadre de certains plans d'épargne-pension, mais vous ne pouvez pas vendre plus tôt et vous faire verser les bénéfices. Lorsque vous investissez sans protocole officiel, cela est bien sûr possible.

Avantages

Un rendement relativement élevé à long terme ;

- Payer un impôt minimal avec votre déclaration d'impôt annuelle ;
- Profitez des avantages fiscaux ;
- Ajoutez de la diversité à votre portefeuille, afin de répartir vos opportunités.
- Inconvénients
- Aucune garantie, comme pour les autres formes d'épargne-retraite complémentaire ;
- Vendre prématurément et retirer l'argent est possible dans le cadre d'un investissement, mais pas dans celui d'une pension ;
- Payer l'impôt sur les plus-values au-delà de 50 650 € ;
- Les lois et les règlements changent assez souvent, vous devez donc les surveiller en permanence.

De combien d'argent disposez-vous réellement pour votre retraite ?

Si vous n'y avez jamais pensé auparavant, c'est une bonne première étape. Vous savez maintenant quelles sont les options pour vous constituer une pension, mais comment y parvenir ? Nous considérons qu'environ 70 % de votre dernier revenu gagné constitue une bonne pension. Vous pouvez voir combien vous êtes censé recevoir par le biais de la plate-forme gouvernementale et de votre/vos prestataire(s) de services de pension, mais il s'agit uniquement de la pension accumulée par les voies officielles. Cela n'inclut pas les investissements et les comptes d'épargne.

Imaginons que vous ayez la trentaine et que vous vous disiez soudain : tant pis, je dois faire quelque chose pour plus tard ! Si vous êtes célibataire et disposez d'un revenu mensuel brut d'environ 2 250 €, vous vous fixez (à 70 %) un montant cible de 1 575 € par mois. C'est le montant dont vous aurez besoin plus tard pour vivre confortablement. Pour passer d'aujourd'hui à une vieillesse tranquille, il y a deux étapes à suivre :

Quel est votre objectif ?
Combien de temps vous reste-t-il pour y travailler ?
Si vous avez 30 ans, cela signifie qu'il vous reste environ 35 ans pour travailler en vue de votre retraite. Votre compte d'épargne est peut-être un peu vide et abandonné en ce moment, vous avez donc une base de référence réelle et vous devriez commencer par rien. Il n'y a pas de dépôt unique et vous commencez à travailler sur votre avenir sur une base mensuelle. Si vous partez du principe que la pension de l'État s'élève à environ 1 250 € par mois, un petit calcul montre que pour chaque tranche de dix ans après l'âge de la retraite, vous aurez besoin d'environ 39 000 €. Ce montant augmente en fonction de l'âge que vous atteignez. Si vous vivez jusqu'à 97 ans, vous devrez réunir jusqu'à 117 000 euros.

Si vous commencez immédiatement à l'âge de 30 ans, 263,51 € par mois vous suffiront.

C'est tout à fait faisable, n'est-ce pas ?

Vous avez d'abord besoin d'un revenu plus élevé, avant de pouvoir commencer à épargner pour plus tard ? Dans ce cas, lisez cet chapitre sur la façon dont vous pouvez gagner des revenus passifs grâce, entre autres, aux crypto-monnaies. Notez toutefois que vous constituez toujours votre patrimoine en concertation avec un expert financier ou que vous approfondissez vous-même la question. Dans notre pays, le système fiscal n'est pas toujours conforme à nos propres ambitions et souhaits !

Et si vous voulez prendre une retraite anticipée ?
Personnellement, je peux imaginer que vous aimeriez prendre une retraite anticipée. Plus vous accumulez de capital, plus vite vous pourrez vous retirer complètement ou peut-être travailler moins. Qu'en est-il d'une pension provisoire, de la traditionnelle année sabbatique, y avez-vous déjà pensé ? Un congé sabbatique offre une nouvelle aventure dans votre vie, ou du repos, exactement ce dont vous avez besoin. Vous avez le temps et l'espace pour faire ce qui vous stimule, mais vous devez ensuite créer l'espace financier dont vous avez besoin pour cela.

Qu'est-ce qu'un congé sabbatique ?
Un congé sabbatique est donc une pause dans votre travail. Un moment pour vivre votre vie sans les contraintes de la vie quotidienne. Vous pouvez bien sûr partir en sac à dos, faire un voyage lointain ou

simplement camper dans votre jardin. Peu importe ce qui vous rend heureux, vous devez réfléchir à la durée de cette pause. Partirez-vous pour quelques mois ? Six mois ou un an ? Plus longtemps ? En fonction de la durée et de ce que vous ferez entre-temps, vous pouvez estimer le coût.

Quel est le coût d'un congé sabbatique ?

Il va sans dire que 12 mois de voyage autour du monde seront plus chers que six mois dans votre propre jardin à profiter du chant des oiseaux. J'ai fait un jour un calcul pour Peaks qui montrait qu'un voyage de six mois en Asie du Sud-Est pour deux personnes coûterait 4 750 € par mois. Pour six mois, cela représente près de 30 000 €, mais cela inclut les vols intérieurs, de nombreuses visites de restaurants et des voyages exclusifs, donc vous pouvez aussi faire beaucoup moins cher. Pour la même somme, vous pouvez également choisir de prendre 12 mois de congé dans votre environnement d'origine, donc tout dépend de ce que vous préférez.

Dans ce chapitre, nous avons abordé la question de la pension et de la pension intermédiaire, également appelée "sabbatique". Nous avons examiné trois façons de compléter votre pension ; des façons qui sont également fiscalement possibles dans notre pays. Il y a beaucoup d'éléments à prendre en compte, c'est pourquoi nous avons exposé les avantages et les inconvénients des trois formes - épargne, placement de la pension et épargne bancaire.

J'ai montré un exemple de calcul pour vos vieux jours, afin que vous puissiez également préparer ce tableau pour vous-même. N'oubliez pas qu'il ne s'agit pas d'un conseil financier et que vous devez toujours vous renseigner auprès d'une personne qui comprend la finance et la fiscalité. Chaque situation étant unique, votre vie et votre situation financière nécessitent également une approche personnalisée. Commencez par déterminer votre vision de l'avenir. De combien d'argent avez-vous besoin d'ici là et combien d'années vous reste-t-il pour y parvenir ? Bien sûr, il se peut aussi que vous souhaitiez prendre votre retraite à 50 ans, auquel cas vous devrez ajuster un peu le calcul.

Investir dans les montres

L'argent dans une chaussette sous le matelas, l'investissement dans l'immobilier ou la récupération de ces cartes Pokemon dans le grenier, finalement. Nous faisons tout ce que nous pouvons pour maximiser nos rendements. En période de forte inflation, il est temps d'agir et nous sommes confrontés au fait que notre argent vaut de moins en moins. C'est pourquoi de plus en plus de personnes trouvent refuge dans les investissements. Non seulement dans les crypto ou les actions, mais aussi dans les produits de luxe comme les montres.

Protéger vos biens contre une baisse du pouvoir d'achat

En 2022, les produits d'épicerie sont devenus plus chers, l'achat d'une maison est devenu de plus en plus difficile, et l'essence ? C'est déjà une ponction sur nos ressources. Mais en période de baisse du pouvoir d'achat, lorsque votre argent vaut de moins en moins cher, de plus en plus de personnes ont recours à différentes formes d'investissement. Par exemple, vous pouvez investir dans des ETF comme le populaire S&P500, mais nous voyons de plus en plus de gens acheter des produits de luxe pour protéger leur pouvoir d'achat. Il ne s'agit pas simplement d'acheter un sac à main Chanel en édition limitée pour le montrer à vos amis, mais de le conserver comme un véritable actif. Ils constituent de toute façon une meilleure alternative car ils conservent leur valeur, contrairement aux monnaies fiduciaires comme le dollar et l'euro.

Investir dans des produits de luxe - judicieux ?
Si nous regardons le cours de l'action de la société française Louis Vuitton Moët Hennessy, le plus grand conglomérat de produits de luxe au monde, nous constatons que le prix a fortement augmenté ces dernières années. Alors qu'à la fin du mois de décembre 2018, nous avons vu un prix de 41 euros, au moment de la rédaction de cet chapitre, nous voyons un prix actuel de 635 euros.

Il convient de noter que tous les produits de luxe ne conservent pas leur valeur, ni même ne l'augmentent. Par exemple, il existe de nombreux produits qui perdent considérablement leur valeur au cours des premières semaines ou des premiers mois. Pensez aux voitures exclusives coûteuses. Lorsqu'elles font leurs premiers kilomètres, elles perdent considérablement de leur valeur. Voulez-vous investir dans un produit que vous pourrez, avec un peu de chance, revendre plus tard pour réaliser un bénéfice ? Dans ce cas, une voiture n'est pas la meilleure option.

Les montres en tant qu'investissement
Les riches de ce monde les ont tous dans leur collection : des montres valant une splendide villa ou une voiture extrêmement chère. S'agit-il simplement d'être vu, de faire partie de leur image, ou ces "riches et célèbres" sont-ils des investisseurs intelligents ? Découvrez ici 5

marques qui ont le mieux réussi à conserver leur valeur, voire à l'augmenter :

Rolex

Des hommes d'affaires internationaux aux Hollandais rappeurs, il semble que tout le monde parle de Rolex, la montre suisse. Lorsque l'on pense à des montres uniques et coûteuses, Rolex est invariablement numéro un. Pendant des années, elle a dominé les listes des meilleurs investissements en matière de montres. Non seulement les prix ont augmenté de 3,4 % au début de l'année 2022, mais la demande ne cesse d'augmenter pour ces montres de luxe rares.

Rolex a précédemment indiqué qu'elle ne prévoyait pas d'augmenter sa capacité de production. Cela signifie que la pénurie d'approvisionnement va donc continuer à s'aggraver. Le résultat ? Le prix de cette montre de luxe va continuer à augmenter, lorsque la demande augmente mais que l'offre reste la même.

Rolex Daytona 18 carats

L'un de ces joyaux est la Rolex Daytona 18 carats avec un cadran vert en or jaune 116508. Non seulement un véritable plaisir pour les yeux, mais certainement un investissement lucratif. Le prix de cette montre de luxe a considérablement augmenté au fil des ans :

- Août 2018 : 27 000 euros
- Juillet 2019 : 38 500 euros
- Août 2020 : 42 200 euros

- 2021 septembre : 70 600 euros
- 2022 mars : 121 800 euros

Patek Philippe

La marque de montres suisse Patek Philippe n'est pas étrangère aux véritables passionnés. D'une abondance de diamants hors de prix à un bracelet fini en peau d'alligator spéciale. Vous payez beaucoup, mais vous obtenez aussi quelque chose en retour. Avec plus de 140 modèles, une Patek Philippe vous coûtera entre 12 500 dollars et des sommes astronomiques, voire des millions de dollars. Plus le modèle est rare, plus le prix est élevé. Heureusement, il existe aussi des modèles qui sont abordables (lire : plus abordables) pour le grand public. Par exemple, vous avez déjà une Patek Philippe de 5 000 à 10 000 dollars.

Les 3 montres les plus chères de Patek Philippe
Non seulement Patek Philippe est une marque de montres populaire, mais c'est aussi l'une des marques les plus chères. Examinons ici les 3 montres les plus chères de la célèbre marque de montres de luxe :

1. **Patek Philippe Grandmaster Chime 6300**

Ce joyau est sans doute la montre la plus chère du monde. Non seulement elle est considérée comme la montre la plus complexe fabriquée à ce jour, mais cet exemplaire contient également une alarme et est gravé : "The Only One". Vous êtes curieux de savoir combien coûte ce spécimen ? La montre a été vendue pour

environ 31,19 millions de dollars. Une aubaine, non ?
D'autres sources comme ManOfMany parlent même
d'une valeur de 72 millions de dollars en juillet 2020.

2. Acier inoxydable Patek Philippe

Ce qui rend cette montre spéciale, c'est que ce modèle
est le premier chronographe au monde doté d'un
calendrier perpétuel. Au total, 281 modèles de ce
modèle ont été produits, mais seuls 4 d'entre eux sont
en acier inoxydable. Un autre bel exemple de la façon
dont la rareté peut déterminer la valeur d'un produit de
luxe. Le prix ? Beaucoup moins cher que la Grandmaster
Chime, mais toujours commercialisable pour environ
11,4 millions de dollars.

3. Patek Philippe Gobbi Milan 'Heures Universelles' 2523

Qu'est-ce qui rend une montre unique encore plus
unique ? Les matériaux, bien sûr. Au total, seuls 7
exemplaires ont été fabriqués de la Gobbi Milan avec
des aiguilles en or rose et un cadre bleu. Il semblerait
qu'un certain nombre d'entre eux aient péri au fil des
ans, ce qui rend cette montre encore plus rare.
Aimeriez-vous posséder exactement ce spécimen ?
Alors vous devrez payer environ 9 millions de dollars.

Cartier

Lorsque le prestige prime, on se tourne rapidement vers
la maison de joaillerie française Cartier. La marque est

51

plus souvent associée à la royauté du monde entier. Les montres de luxe de Cartier conservent leur valeur en fonction de plusieurs facteurs.

Par exemple, une Cartier Vintage peut prendre plus de valeur qu'un modèle plus récent. Ce prix dépend également, comme pour les autres marques, des tendances. Des recherches ont également été effectuées pour déterminer quelles montres ont le meilleur potentiel sur le marché secondaire :

- Réservoir Cartier
- Santos de Cartier
- Ballon de Cartier
- Pacha de Cartier
- Panthère de Cartier
- Calibre de Cartier

Audemars Piguet
Depuis plus de 100 ans, la société suisse Audemars Piguet est l'un des leaders en matière de montres exclusives. Il n'est donc pas surprenant que le monde entier ait tourné son regard vers ces examens en tant qu'investissement. Il existe d'innombrables raisons pour lesquelles les passionnés affirment qu'Audemars Piguet est le meilleur investissement, mais lorsque nous examinons les chiffres, nous constatons que le prix a augmenté d'un énorme 18% en 2021.

Le magazine Forbes a nommé Audemars Piguet "marque de montres la plus respectée" pendant pas moins de sept années consécutives, de 2011 à 2017. Et fait amusant : nulle autre que Beyonce a acheté plusieurs exemplaires pour son mari Jay-Z. Mais plusieurs stars de Holywood sont fans : Drake, Kim Kardashian et Kanye West.

Êtes-vous inspiré par les célébrités ci-dessus ? Dans ce cas, vous devrez payer une forte somme d'argent. Les prix vont de 3 500 à 25 millions de dollars pour les pièces uniques. Bien sûr, tout dépend de l'édition, des matériaux utilisés et des caractéristiques. Il est donc important de faire des recherches à ce sujet, afin de pouvoir estimer si l'investissement en vaut la peine.

Vacheron Constantin

Il n'est pas surprenant que Vacheron Constantin soit également une marque suisse. Avec la popularité croissante et continue de Rolex, les collectionneurs et les investisseurs cherchent des alternatives. Dans ce processus, Vacheron Constantin gagne en popularité, en partie grâce aux médias sociaux. La marque propose une collection appelée "Overseas" qui est ouvertement louée. Cette collection existe depuis 1996, mais elle a fait peau neuve en 2016.

La pièce phare de cette collection est l'Overseas Tourbillon, dont il n'existe que 3 exemplaires dans cette composition. Grâce à sa rareté, elle est vendue au comptoir pour 108 000 £, soit 128 000 €.

Comment détermine-t-on la valeur d'une montre ?

Vous comptez toutes vos économies pour acheter une montre ? Attention, nous constatons en réalité que toutes les montres ne constituent pas un bon investissement. Le prix d'un produit de luxe est simplement déterminé par la corrélation entre l'offre et la demande, comme dans l'économie classique. Si l'offre est limitée, mais que la demande est très forte, le produit prendra de la valeur. Nous constatons que toutes ces montres de luxe ont une édition limitée, la demande de la classe aisée du monde entier est donc très forte. Vous avez mis la main sur un si beau spécimen ? Vous pouvez alors le vendre, en espérant que quelqu'un soit prêt à payer davantage.

Quels sont les dangers et les risques liés aux investissements dans les montres ?
Investir comporte toujours certains risques, il en va de même pour les montres. Bien que les prix de ces produits de luxe uniques ne cessent d'augmenter, il est conseillé, ici aussi, de faire des recherches approfondies. Il n'y a pas de garanties.

Faux produits
Il n'y a pas qu'Hollywood qui aime ces étonnants joyaux, les criminels et les escrocs les voient avec tout autant d'intérêt. Ils observent ces montres de luxe avec méfiance et, avec la plus grande finesse, ils les font copier, afin de les vendre au prix du jour. De l'argent rapide, n'est-ce pas ? Par conséquent, adressez-vous toujours à un revendeur officiel et ne faites jamais

affaire avec des inconnus. Après tout, nous ne parlons pas de quelques tenners.

Sécurité

Avez-vous l'intention de porter votre montre ou de la garder comme un investissement ? Malheureusement, nous voyons de plus en plus de personnes se faire voler, même en plein jour, à cause de leur montre coûteuse. Sans pitié, les voleurs sont prêts à tout pour vous dérober cette montre coûteuse. Par conséquent, veillez toujours à conserver votre montre dans un endroit sûr. Cela peut être un coffre-fort à la maison, ou même un coffre-fort à la banque. Si une montre coûteuse perd la valeur d'une maison, il n'y a évidemment personne qui attend.

L'investissement peut se faire de nombreuses façons. Avec l'avènement d'Internet, il y a non seulement plus d'informations disponibles, mais aussi plus de possibilités d'investir. Des matières premières à l'or, en passant par les produits de luxe tels que les sacs de marque et les montres. En ces temps d'inflation où la valeur de notre argent diminue, les investisseurs choisissent quelque chose qui a plus de chances de conserver sa valeur. Et dans le meilleur des cas, augmente encore en valeur.

Cet investissement peut être à la fois à semi-court terme, mais certainement aussi à long terme. Considérez les montres uniques qui font partie d'un héritage et sont transmises de génération en génération. Mais n'oubliez pas que toutes les montres ne constituent pas un investissement. Par conséquent, faites des recherches appropriées sur toutes les spécifications. Pensez au nombre de copies fabriquées, aux matériaux utilisés, à l'image de la marque, etc. Voulez-vous toujours faire cet investissement ? Consultez toujours un revendeur officiel ou laissez un expert vous aider.

Le S&P500

Faire travailler votre argent pour vous, pourquoi ne pas le faire dès le départ ? Mais les opportunités d'investissement et les formes d'investissement comportent un certain degré de risque. En général, la règle est la suivante : plus le risque est grand, plus les gains potentiels sont importants. L'inconvénient ? Les pertes potentielles sont au moins aussi importantes. C'est pourquoi de nombreux investisseurs, débutants ou confirmés, optent pour un fonds d'investissement comme le S&P500. Découvrez dans ce chapitre ce qu'est le S&P500, comment il fonctionne et comment vous pouvez vous lancer !

Qu'est-ce que le S&P500 ?
Le S&P 500 est un indice boursier qui suit les 500 sociétés les plus performantes et les plus importantes cotées en bourse en Amérique. S&P est l'abréviation de Standard & Poor, les noms des deux sociétés financières fondatrices qui ont calculé un indice dans lequel les actions de pas moins de 500 sociétés américaines étaient incluses. En tant que tel, il s'agit de l'un des baromètres boursiers les plus connus au monde et il est utilisé pour déterminer la santé de l'économie américaine à un moment donné. Lorsque nous examinons les données au début de 2022, nous constatons que le S&P500 a eu un rendement moyen de 13,9 % au cours des 10 dernières années. En d'autres termes, la dernière décennie a été une période de croissance économique.

Comment fonctionne l'indice S&P500 ?

L'ensemble du S&P500 suit la capitalisation boursière des sociétés incluses dans cet indice. On prend une moyenne pondérée de toutes ces sociétés dans ce secteur, exprimée en pourcentage.

ETF

Un ETF est un fonds négocié en bourse, plus connu sous le nom de tracker indiciel. Il s'agit d'un "panier d'actions" qui suit le cours d'un fonds particulier. Dans ce processus, vous n'investissez pas réellement dans les entreprises individuellement, mais vous choisissez d'effectuer un investissement global. Il existe différents types de FNB, chacun ayant son propre profil de risque.

Secteurs S&P500

L'indice S&P500 se compose actuellement de 11 secteurs différents. Dans chacun de ces secteurs, il y a plusieurs sociétés américaines qui remplissent les conditions pour faire partie du S&P500, nous en parlerons plus loin dans ce blog. Le S&P500 est donc divisé en 11 secteurs différents, à savoir :

- Technologies de l'information
- Soins de santé
- Consommation discrétionnaire
- Services de communication
- Finances
- Industriels
- Biens de consommation de base

- Immobilier
- Matériaux
- Énergie
- Utilitaires

En examinant les données de l'année 2022, nous constatons que le secteur le plus dominant est celui des technologies de l'information, avec une part de pas moins de 27,1 %. Il est suivi par le secteur des soins de santé. Ainsi, la pandémie de COVID a également eu un impact positif sur le chiffre d'affaires mondial des entreprises de santé.

Conditions de l'indice S&P500

Pour s'assurer que le S&P500 est représentatif de l'économie américaine, de nombreuses conditions préalables doivent être remplies avant qu'une entreprise puisse y entrer. Ces conditions sont les suivantes :

L'entreprise doit être physiquement située aux États-Unis,

- L'entreprise doit avoir une capitalisation boursière d'au moins 13,1 milliards de dollars,
- Au moins 50 % de toutes les actions de la société doivent être accessibles au grand public,
- Prix d'au moins 1 $ par action,
- Au moins 50 % des revenus doivent provenir d'activités commerciales menées aux États-Unis,
- L'entreprise doit avoir au moins 4 trimestres consécutifs de bénéfices positifs.

Plus précisément, cela signifie également que les sociétés incluses dans le S&P500 peuvent changer. Une société particulière a de mauvaises performances et ne répond plus aux critères ci-dessus ? Elle est alors remplacée par une autre société cotée. De cette manière, on suit à tout moment les 500 entreprises les plus performantes de l'économie américaine.

Les trois plus grandes entreprises du S&P500 au début de l'année 2022 étaient :

- Apple Inc. (AAPL)
- Microsoft Corp. (MSFT)
- Amazon.com Inc. (AMZN)

Prix S&P500

Les investisseurs utilisent le S&P500 comme un guide de l'économie mondiale. En raison de sa grande diversification tant au niveau des entreprises que des secteurs, il peut vous en dire plus sur l'état actuel de l'économie américaine. Notez qu'il ne s'agit en effet que de l'économie américaine. Par conséquent, il peut également être approprié de suivre les marchés étrangers dont l'économie est émergente, comme l'Inde ou la Chine.

Le graphique ci-dessous remonte aux premières années de l'indice S&P500 et commence en 1982. À cette époque, l'indice S&P500 se négociait à 107 $. Au fur et à mesure que l'économie s'est développée et que différents secteurs sont entrés dans ce fonds indiciel, le prix a également augmenté. Ce graphique est donc une représentation visuelle non seulement de l'économie américaine, mais aussi de l'économie mondiale. Ainsi, nous pouvons immédiatement voir que dans la période autour de 2008 - 2009 nous avons eu des années économiques difficiles. Non seulement le cours des actions de plusieurs sociétés individuelles a chuté, mais l'ensemble de l'indice S&P500 a connu une chute brutale pour atteindre un cours inférieur à 700 dollars.

La pandémie de COVID a également eu un impact direct sur notre économie mondiale, nous en voyons également le reflet. Et même maintenant, en période d'incertitude financière et d'inflation croissante, nous constatons un ralentissement de la croissance économique. La Réserve fédérale (FED) et la Banque centrale européenne (BCE) augmentent les taux d'intérêt, ce qui rend l'épargne à nouveau intéressante. De telles décisions dans le domaine macroéconomique ont également un impact sur la croissance économique, et donc sur le prix de ce S&P500.

Le crypto comme 12ème secteur ?

Dans les premières années, ce tracker ne comprenait que 3 secteurs différents. Au fil des années, les évolutions ont été de plus en plus nombreuses et ont provoqué une expansion de l'économie. Pensez à l'avènement d'Internet, aux technologies de plus en plus complexes et à l'expansion de la numérisation. Il n'est donc pas surprenant que les entreprises de ce secteur aient considérablement augmenté en valeur ces dernières années. En sera-t-il de même pour les crypto-monnaies ?

Dans le monde de la crypto, les spéculations sont innombrables, mais nous constatons que des personnalités et des entreprises de plus en plus importantes s'expriment clairement lorsqu'il s'agit de la position de la crypto dans l'économie mondiale. Cathie Wood, fondatrice d'Ark Invest et icône de Wall Street, a précédemment déclaré que le bitcoin (BTC) pourrait tout simplement atteindre une valeur d'un million de dollars. Cela se produira-t-il effectivement ? Le temps nous le dira !

Mais nul autre que l'entrepreneur canadien Kevin O'Leary, mieux connu sous le nom de M. Wonderful de Shark Tank, a également fait une autre déclaration remarquable plus tôt en 2022. Non seulement 20 % de son portefeuille d'investissement personnel est composé de crypto, mais il croit fermement que la crypto finira par devenir le 12e secteur le plus important du S&P500.

Comment cela pourrait-il se présenter ? Un scénario potentiel est qu'il y aura un ETF qui suivra les 100 premiers projets par capitalisation boursière, où vous pouvez investir dans ce tracker. De cette façon, vous n'achetez pas de crypto-monnaie physiquement, mais vous suivez l'évolution des prix de ces 100 premiers projets. L'avenir nous dira si cela se produira et, le cas échéant, quand.

Investir dans l'indice S&P500

Vous souhaitez investir dans l'indice S&P500, mais vous n'avez aucune idée des risques encourus ? Il est toujours important de savoir que les investissements comportent toujours certains risques. Par exemple, il existe de nombreux avantages, mais certainement aussi des inconvénients. Même avec ce populaire S&P500.

Avantages

Le plus grand avantage d'investir dans le S&P500 est qu'il s'agit d'un indice très diversifié. Étant donné que le fonds indiciel examine la performance de pas moins de 500 sociétés, notamment les sociétés les plus performantes et cotées en bourse aux États-Unis, vous courez moins de risques que si vous investissiez dans des actions individuellement. Mais avec moins de risque, vous avez aussi moins de gains potentiels. Mais quand on regarde les années passées, on constate quand même un beau rendement !

Les autres avantages sont :

- Le S&P500 ne contient que les plus grandes actions américaines.
- Il ne tient pas compte de l'économie européenne ou de la croissance économique en Asie.

- Le S&P500 est un indice bien connu et il est généralement performant. Ce n'est qu'en période de récession et d'incertitude financière qu'il est moins performant.
- Une connaissance moindre des marchés financiers est requise,
- Vous pouvez investir dans l'indice S&P500 dans le monde entier.

Le S&P500 doit sa popularité au fait que les investisseurs peuvent investir avec des connaissances plutôt limitées. Lorsque vous souhaitez investir dans certaines actions, vous devez effectuer de nombreuses recherches : pensez à la consultation des chiffres trimestriels, aux plans d'avenir, aux partenariats existants, à la santé de l'entreprise, etc. Les entreprises qui font partie du S&P500 remplissent déjà ces conditions. De cette façon, la barrière à l'entrée est plus faible pour de nombreux investisseurs. Remarque : il ne s'agit pas d'un conseil financier et n'oubliez pas que l'investissement comporte toujours un risque.

Inconvénients

Tout n'est pas rose, investir dans l'indice S&P500 présente également un certain nombre d'inconvénients.

Lorsque vous investissez dans un indice boursier ou un ETF et que vous suivez différentes sociétés, vous obtenez un bénéfice moyen de ces sociétés. Si vous décidez d'investir dans les actions d'une société en particulier, qui surperforment le marché, vos bénéfices seront également nettement plus élevés. Mais bien sûr, cela s'accompagne aussi d'un certain profil de risque.

Les autres inconvénients sont :

Seulement des actions américaines, pas de diversification mondiale,
Tenez compte des coûts liés au taux de change.
Non seulement vous spéculez sur la valeur d'une action particulière, ou d'un ETF, mais cet investissement est également réalisé dans une devise différente. Comme les actions, le prix du dollar ou de l'euro fluctue également. Il peut se renforcer ou s'affaiblir. La spéculation sur ces changements est mieux connue sous le nom de trading forex.

Frais de négociation

Tenez également toujours compte de certains coûts de transaction. Ceux-ci constituent un indicateur important pour déterminer vous-même quand vous avez suffisamment de bénéfices pour vendre. Par exemple, vous souhaitez investir 1 000 euros dans une certaine action et vous devez payer un coût de transaction de 5 %. Cela signifie que votre investissement doit augmenter d'au moins 5 % pour atteindre le seuil de rentabilité. Ce n'est qu'après cette augmentation que vous commencerez à faire des bénéfices. Il est important de garder cela à l'esprit car cela peut influencer votre tactique d'investissement. Avez-vous l'intention de conserver ces actions pendant des années ? Ce n'est probablement pas un problème. Mais voulez-vous essayer d'en tirer un profit rapide ? C'est peut-être moins faisable.

Plateformes

Heureusement, il existe de nombreuses façons d'investir dans le S&P500. Grâce à diverses applications, vous pouvez investir dans votre fonds préféré en quelques secondes. Vous trouverez ci-dessous une liste des applications les plus connues où vous pouvez investir.

DeGiro

DeGiro est un courtier néerlandais actif dans plus de 18 pays en Europe. Grâce à cette application, vous pouvez non seulement investir dans des actions, mais aussi dans des obligations, des options et même des matières premières. N'oubliez pas de consulter leurs tarifs pour voir quelle est l'option la moins chère pour vous.

Lynx

Investissez dans de nombreux produits chez Lynx. Pensez aux options, aux actions et aux ETFs. Lynx dispose de pas moins de 150 bourses dans le monde entier dans lesquelles vous pouvez investir. Il existe plusieurs options, mais en choisissant le bon courtier, vous pouvez potentiellement économiser beaucoup d'argent !

L'investissement peut se faire de nombreuses façons. Vous pouvez être très actif sur les marchés financiers et vérifier les prix chaque minute de la journée et calculer vos risques, ou vous pouvez choisir un investissement plus passif comme un indice boursier ou un ETF. Lorsque vous investissez dans un ETF, les choix sont également nombreux. De nombreuses options. L'indice S&P500 reste le plus populaire car il s'agit non seulement d'un panier de différentes entreprises, mais aussi de différents secteurs. De cette façon, vous compensez la perte potentielle d'un secteur particulier par la croissance de l'autre secteur.

Bien qu'un investissement dans le S&P500 nécessite moins de connaissances et constitue une forme d'investissement plus passive, il est certainement conseillé de toujours faire ses propres recherches. Ainsi, vous savez dans quoi vous investissez et quels sont les scénarios possibles !

Qu'est-ce qu'un ETF (Exchange Traded Fund) ?

Vous êtes familier avec les placements ? Alors vous avez probablement rencontré le terme "ETF". C'est un terme que vous rencontrerez surtout si vous êtes actif dans le domaine des transactions boursières. ETF est l'abréviation d'Exchange Traded Fund et, en résumé, il s'agit d'un panier d'actions. Ce que beaucoup de gens ne savent pas, c'est qu'il existe aussi des ETF spéciaux pour les crypto-monnaies. Comme c'est encore assez nouveau, la plupart des investisseurs ne le savent pas encore.

Dans ce chapitre, nous allons vous expliquer d'où vient un ETF, et quels sont les ETF qui existent pour les crypto-monnaies. Bien sûr, nous vous dirons également quels sont les avantages et les inconvénients des ETF par rapport au trading de cryptocurrences individuelles.

Qu'est-ce qu'un fonds négociable en bourse (FNB) ?
Les ETF les plus connus sont ceux du marché boursier. Commençons donc par là aussi. Nous parlerons plus en détail des ETF dans le monde de la cryptomonnaie plus loin dans cet chapitre. Pour faire simple, les ETF sont des fonds qui imitent un indice boursier. Les principaux ETF sont :

- DAX - Indice boursier de l'Allemagne.
- EURO STOXX 50 - Indice boursier européen.
- CAC 40 - Indice boursier de la France.

- AEX - Indice boursier pour les Pays-Bas.
- S&P 500 - Indice boursier des États-Unis.
- MSCI WORLD - Indice boursier mondial.

Les ETF sont des fonds indiciels cotés en continu et négociés en bourse de la même manière qu'une action. Quel que soit le type de gestion utilisé, ils ont tous le même objectif : représenter la performance d'un indice ou d'un actif.

Par exemple, certains ETF vont imiter la performance d'un indice boursier (NASDAQ, S&P 500, AEX, etc.), tandis que d'autres vont se concentrer sur un actif particulier (matières premières, technologie, etc.). Dans ce dernier cas, cela signifie que vous avez un ETF pour l'or. Ce FNB imite la valeur de l'or. Ainsi, si vous vous attendez à ce que le prix de l'or augmente considérablement dans les années à venir, vous pouvez investir dans un FNB qui représente cette valeur.

Comment fonctionne un ETF ?
Les ETF sont des fonds qui répliquent des indices ou des matières premières : à ce titre, ils sont considérés comme des fonds passifs. Contrairement aux actions et obligations que l'on peut acheter sur le marché boursier, cette gestion passive vous permet de vous assurer d'une certaine sécurité. Si vous investissez dans l'ensemble de l'AEX, il y a statistiquement moins de chances que l'indice entier chute soudainement que si vous investissez dans les actions d'une seule société.

Pour de nombreuses personnes, il est très judicieux de commencer par un ETF, car il crée une plus grande diversification, ce qui permet de réduire les risques de perte. Les investisseurs expérimentés sont moins susceptibles de choisir d'investir dans un ETF, car ils ont suffisamment d'expérience dans la recherche d'actions.

La valeur de ce que représente un ETF peut être mesurée de la manière suivante :

Physique (ou direct) : la technique la plus courante où toutes les sociétés qui composent l'indice sont présentes dans l'ETF. Ainsi, la valeur de la société est directement tirée de la valeur de l'action individuelle. Physique partiel : l'ETF sélectionne un échantillon représentatif des différentes sociétés qui composent l'indice, surtout lorsqu'elles sont nombreuses. Indirect (ou synthétique) : il s'agit d'un ETF qui recherche des actions non indexées et suit leur performance. Prenons l'exemple des matières premières. Il étudie la performance d'une matière première, puis la valeur du FNB est basée sur cette performance.

ETFs pour le marché des crypto-monnaies.
Les marchés boursiers et cryptographiques sont deux mondes différents que l'on ne peut pas comparer. Après tout, les actions sont basées sur les performances d'une entreprise, et lorsque vous possédez une action, vous possédez également un morceau réel de cette entreprise. Les crypto-monnaies sont essentiellement

des morceaux de code que vous pouvez posséder. Cependant, lorsque vous les possédez, vous ne possédez pas une partie du projet qui se cache derrière la pièce.

Les ETF ont rapproché ces deux mondes. Il est possible d'acheter un ETF Bitcoin, qui est entièrement réglementé pour le marché européen et que l'on peut trouver sur la bourse de Gibraltar. Cet ETF s'appelle The Bitcoin Fund avec un ticket QBTC.U, et le numéro ISIN CA09175G1046. Jusqu'à présent, c'est le seul ETF Bitcoin en vente sur un marché boursier européen. Malheureusement, il n'est pas encore possible d'acheter des ETF cryptographiques aux États-Unis. En effet, la SEC a indiqué qu'il ne serait pas possible d'ajouter des ETF cryptographiques au marché boursier.

Toutefois, cela ne dit évidemment rien de l'avenir. En effet, lorsque le bitcoin et les altcoins deviendront plus courants et gagneront ainsi en popularité, il est encore possible que les ETF soient disponibles sur le marché boursier américain. Jusqu'à ce que cela se produise, vous devrez donc acheter l'ETF Bitcoin sur le marché boursier européen.

Le plus grand avantage d'investir dans l'ETF Bitcoin au lieu d'y investir directement est que vous n'avez pas besoin de vous enregistrer auprès d'une bourse de crypto-monnaies. En outre, le marché est soumis à une surveillance stricte, de sorte que les investisseurs peuvent se sentir plus en sécurité lorsqu'ils achètent un ETF Bitcoin.

Pourquoi un ETF Bitcoin ?
Pourquoi est-il vraiment nécessaire d'avoir un ETF Bitcoin ? Après tout, vous pouvez simplement acheter des bitcoins sur une bourse de crypto-monnaies et les posséder. Vous avez un ETF ? Alors vous ne possédez pas de Bitcoin.

L'ETF Bitcoin est particulièrement utile pour attirer les investisseurs qui ne veulent pas se lancer sur le marché des crypto-monnaies. S'ils sont actifs sur le marché boursier, ils peuvent toujours gagner de l'argent grâce à l'augmentation de la valeur du bitcoin. L'ETF est entièrement réglementé par les autorités, de sorte que vous payez également des impôts sur les bénéfices que vous réalisez grâce à l'ETF Bitcoin.

Ainsi, grâce à cet ETF, il est incroyablement facile pour de nombreux investisseurs de gagner de l'argent avec le bitcoin, sans avoir à s'inscrire sur une bourse de crypto-monnaies. Comme il est également réglementé et supervisé, de nombreux investisseurs se sentent également beaucoup plus en sécurité. En effet, chez certaines personnes, il y a encore de la peur autour du marché crypto, car les gouvernements et les banques mettent en garde contre les grands risques que le trading de crypto aurait.

Comment acheter le Bitcoin ETF ?

Si vous souhaitez acheter le Bitcoin ETF, vous pouvez le faire chez DeGiro. Il s'agit d'un courtier en actions, obligations et ETF (similaire à une bourse de crypto-monnaies). DeGiro vend le Bitcoin ETF disponible sur la bourse de Gibraltar.

Y aura-t-il aussi des ETF pour d'autres crypto-monnaies ?

Les ETF sont une solution idéale pour éviter d'acheter directement des crypto-monnaies et des tokens. Mais est-il déjà possible d'acheter des ETF pour d'autres crypto-monnaies (altcoins) ? À l'heure actuelle, il n'existe que des ETF pour le bitcoin. On ne sait pas encore s'il y aura des ETF pour d'autres crypto-monnaies.

En effet, il n'est pas facile de rendre un ETF disponible sur le marché boursier. En effet, le marché boursier est soumis à une surveillance stricte de la part des régulateurs. Ils devront approuver l'ETF avant qu'il ne soit effectivement disponible pour le grand public.

Cependant, plusieurs sociétés ont manifesté leur intérêt pour la mise à disposition d'ETF pour les altcoins. Il y a donc de fortes chances qu'à l'avenir, il soit également possible d'acheter des ETF d'autres crypto-monnaies.

Vous souhaitez profiter de l'augmentation de la valeur du bitcoin, mais vous n'avez pas envie d'acheter des bitcoins sur un marché cryptographique ? Vous pouvez alors choisir d'acheter un ETF Bitcoin. Un ETF est un panier qui peut représenter la valeur d'un groupe de sociétés ou de marchandises. Par exemple, un ETF peut représenter la valeur totale de l'AEX ou de l'or.

De nos jours, il est également possible d'acheter un ETF Bitcoin. Il s'agit d'un ETF qui représente la valeur du bitcoin et qui peut être acheté sur le marché boursier de Gibraltar. Pour ce faire, vous devez ouvrir un compte auprès d'un courtier comme DeGiro. Ensuite, une fois que votre compte est approuvé, vous pouvez acheter et vendre l'ETF.

Le bitcoin est actuellement la seule crypto-monnaie disposant de son propre ETF. Il n'y a pas encore d'altcoins avec un ETF, bien qu'il y ait des plans pour en créer un. Comme il est difficile d'ajouter un ETF au marché boursier, il faudra peut-être attendre longtemps avant que d'autres crypto-monnaies soient disponibles en tant qu'ETF. Cela est dû à la surveillance stricte du marché boursier. Aux États-Unis, par exemple, il n'est pas encore possible d'acheter l'ETF Bitcoin sur le marché boursier national. La raison en est que la SEC ne l'a pas encore autorisé.

Les 10 options d'investissement les plus importantes

Lorsque vous commencez à investir de l'argent, vous voulez bien sûr en gagner. Le but de l'investissement est de réaliser un résultat positif sur l'argent que vous investissez. Il existe différents produits dans lesquels vous pouvez investir. Chaque produit a ses propres avantages et inconvénients.

On constate souvent une similitude entre les différents produits d'investissement. Plus le risque est grand, plus le rendement à atteindre est important. Le risque est faible ? Alors le bénéfice est aussi souvent plus faible.

Dans ce chapitre, je vous parlerai des différents produits d'investissement dans lesquels vous pouvez investir, et je vous expliquerai les principales caractéristiques de ces produits.

1. Actions

Les actions sont des preuves de propriété d'une entreprise. Si vous achetez une action, vous êtes copropriétaire de l'entreprise. Cela ne signifie toutefois pas que vous avez toujours votre mot à dire dans les choix à faire. Pour cela, vous devez posséder un grand nombre d'actions (vous êtes alors un "actionnaire principal").

La valeur d'une action peut augmenter et diminuer, en fonction des résultats de l'entreprise et du marché.

Lorsqu'une entreprise se porte bien et que la demande d'actions augmente, la valeur de l'action peut augmenter. Ainsi, vous pouvez gagner de l'argent en négociant des actions. Bien sûr, vous pouvez aussi perdre de l'argent lorsque la valeur de l'action tombe en dessous du prix d'achat.

Dans certains cas, vous pouvez obtenir un rendement des actions. Il s'agit des dividendes. Il s'agit d'une distribution des bénéfices aux actionnaires. Plus vous avez d'actions, plus vous êtes payé.

Caractéristiques de l'investissement en actions
Les mots "actions" sont surtout utilisés comme un investissement à long terme ;
Souvent, les investisseurs courent moins de risques en raison d'une réglementation stricte ;
Le prix de l'action fluctue moins que celui de la crypto-monnaie, de sorte que vous pouvez généralement obtenir un rendement plus faible ;
Idéal en période de croissance économique et de faibles taux d'intérêt, car les entreprises investissent beaucoup et peuvent donc obtenir de meilleurs résultats.
Vous voulez investir dans des actions ? Dans ce cas, vous pouvez utiliser un courtier en actions, tel qu'eTorro.

2. Obligations
Vous rencontrerez souvent des obligations d'État. Ces obligations sont des titres de créance d'un pays/gouvernement. Un pays peut émettre des

obligations pour emprunter de l'argent à d'autres parties. Il existe également des obligations émises par des entreprises.

La valeur d'une obligation peut baisser ou augmenter, ce qui peut rendre intéressant le commerce des obligations. Mais vous pouvez également tirer un revenu des obligations. Comme pour tout emprunt, l'émetteur de l'obligation verse des intérêts au prêteur (celui qui prête l'argent). Ainsi, lorsque les taux d'intérêt sont élevés, vous pouvez gagner plus d'argent grâce aux obligations. Lorsque les taux d'intérêt sont bas, le rendement des obligations est beaucoup plus faible.

Caractéristiques des investissements en obligations
Les obligations ont souvent une durée de 10 ans ou plus.
Le gouvernement ou l'entreprise paie des intérêts sur la dette.
Investir dans des obligations est particulièrement intéressant en période de taux d'intérêt élevés.
Un investissement relativement sûr, selon l'émetteur.

3. Fonds communs de placement
Un fonds commun de placement est un panier d'actions ou d'obligations. Les actions/obligations qui sont ajoutées à ce panier (et revendues) sont déterminées par le gestionnaire du fonds. Il s'agit d'une personne qui a beaucoup de connaissances et d'expérience en matière d'investissement. Il peut donc être intéressant d'investir dans un fonds lorsque vous n'avez pas les

connaissances, l'expérience et/ou le temps d'investir vous-même votre argent.

Avant d'utiliser un fonds commun de placement, il peut être judicieux de faire quelques recherches sur les différents fonds. Regardez, par exemple, les résultats obtenus précédemment par le gestionnaire du fonds, mais aussi les expériences que d'autres ont faites avec ce fonds.

Caractéristiques des investissements dans les fonds de placement
Un fonds commun de placement peut être idéal lorsque vous n'avez ni le temps ni les connaissances nécessaires pour investir.
Vous courez moins de risques de perdre de l'argent car c'est un expert qui investit votre argent.
Il est plus facile de répartir l'argent entre plusieurs entreprises.
4. ETFs
Les fonds négociés en bourse, ou ETF, sont des trackers qui suivent le prix d'autres produits. Par exemple, un FNB peut suivre le cours de l'or. En achetant un tel FNB, vous spéculez sur le prix de l'or, sans avoir à acheter de l'or physique. Un FNB peut également suivre un panier d'actions. Par exemple, vous avez le S&P 500, qui contient les 500 plus grandes entreprises des États-Unis. Ou l'AEX, qui représente les plus grandes entreprises néerlandaises.

Caractéristiques de l'investissement dans les ETFs

Idéal pour investir dans des produits difficiles à acheter, comme les matières premières ou un indice.
Il faut peu de connaissances pour investir dans un ETF indiciel.
Facile à répartir entre plusieurs entreprises.
Le FNB d'une matière première est intéressant en cas d'inflation élevée.
Le panier d'entreprises du FNB est intéressant lorsque les taux d'intérêt sont bas, car la croissance économique est relativement plus importante.
Idéal pour une stratégie à long terme.
Vous voulez investir dans des ETFs ? Dans ce cas, vous pouvez utiliser un courtier en actions, tel que DeGiro. Vous pouvez également y acheter des ETF.

5. Produits dérivés (options, futures, turbos)

Les options, les contrats à terme et les turbos sont trois produits dérivés que vous pouvez généralement acheter sur le marché boursier. Les options sont des contrats qui vous donnent le droit d'acheter ou de vendre une action à un prix fixe. Une baisse ou une hausse du prix peut augmenter la valeur des options.

Les contrats à terme sont des contrats par lesquels vous spéculez sur le changement de valeur d'un produit. Vous pouvez prendre une position longue (hausse du prix) et une position courte (baisse du prix). Les turbos sont des leviers. Vous pouvez augmenter votre mise sans disposer du capital. De cette façon, vous pouvez gagner beaucoup d'argent, mais aussi en perdre beaucoup.

Caractéristiques de l'investissement dans les produits dérivés

Les produits dérivés sont des produits d'investissement à risque.

Il faut beaucoup de connaissances et d'expérience pour investir avec succès dans les produits dérivés.

Les bénéfices à tirer des produits dérivés sont incroyablement importants, tout comme les pertes.

Vous voulez investir dans des produits dérivés ? Dans ce cas, vous pouvez utiliser un courtier en bourse, comme DeGiro. Vous pouvez également y acheter des options, des contrats à terme et des turbos.

6. Crypto-monnaie

Les crypto-monnaies sont des monnaies numériques qui fonctionnent sur la blockchain. Le bitcoin (BTC) est la première et la plus importante crypto-monnaie au monde, suivie de l'Ethereum (ETH). De nombreux investisseurs choisissent d'investir leur argent dans les crypto-monnaies car on peut y réaliser de grands rendements. En effet, la valeur des crypto-monnaies est très volatile, notamment parce que le marché n'est pratiquement pas réglementé.

Il est important de comprendre le fonctionnement de la crypto et de la blockchain, avant d'investir dans la crypto. De nombreux profits peuvent être réalisés, mais beaucoup d'argent peut également être perdu. Suivre un cours de crypto peut aider à acquérir des connaissances afin de devenir un meilleur trader de crypto ou d'apprendre à gagner un revenu passif grâce à la crypto.

Caractéristiques des investissements en cryptomonnaies

Les investisseurs sont confrontés à un risque accru en raison des faibles niveaux de réglementation et de la forte volatilité.
En tant qu'investisseur, vous pouvez obtenir des rendements importants.
Sans connaissances, le risque de perdre de l'argent est très élevé.

Choix de nombreux projets cryptographiques différents.

Vous voulez investir dans les crypto-monnaies ? Alors vous pouvez utiliser un échange de crypto-monnaies, comme Bitvavo ou Binance. Vous pouvez y acheter un grand nombre de crypto-monnaies.

7. Produits de base

Investir dans les matières premières peut être lucratif. Après tout, nous aurons toujours besoin de matières premières pour fabriquer des produits et des services. De nombreux investisseurs placent leurs avoirs en période de forte inflation, car les prix des matières premières augmentent également durant cette période.

Les possibilités sont infinies. Par exemple, vous pouvez investir dans le bois, le sable, le vin, les métaux précieux (comme l'or et l'argent), le fer, le plomb, le gaz, le pétrole, l'essence, etc.

Lorsque vous souhaitez investir dans des matières premières, vous pouvez acheter la matière première physiquement. Cependant, il est plus facile d'investir dans un ETF de la matière première. Vous n'êtes alors pas réellement propriétaire de la matière première et vous ne faites que spéculer sur son prix.

Caractéristiques de l'investissement dans les matières premières
Les matières premières sont liées à l'inflation car elles sont à la base des produits et des services.
L'inflation entraîne une augmentation du prix des produits de base.
Vous n'êtes pas obligé d'acheter une matière première physiquement, vous pouvez aussi simplement acheter l'ETF.

Vous voulez investir dans les matières premières ? Alors vous pouvez utiliser un courtier comme Lynx. Vous pouvez y acheter des matières premières, entre autres. Si vous voulez investir dans les métaux précieux, vous pouvez utiliser GoldRepublic.

8. Forex
Le trading sur le marché des changes (Forex) consiste à négocier des devises fiduciaires. Les prix des devises sont volatils, c'est pourquoi de nombreux investisseurs choisissent de placer leur argent sur ce marché

d'investissement. Bien souvent, les investisseurs tirent leurs bénéfices de petites marges, et utilisent donc souvent des leviers.

Investir sur le marché des changes peut être lucratif, mais vous pouvez aussi y perdre beaucoup d'argent. Il est notamment difficile de spéculer sur le prix d'une monnaie fiduciaire. Il dépend fortement des décisions géopolitiques. Lorsqu'un pays décide d'arrêter l'exportation ou l'importation d'un certain produit, cela peut influencer la valeur de la monnaie. Par conséquent, la plupart des investisseurs ont beaucoup de connaissances et d'expérience.

Caractéristiques de l'investissement en forex
L'apprentissage du trading sur le marché des changes est difficile et prend beaucoup de temps.
La plupart du temps, vous obtenez un rendement à partir de petites variations de prix.

La plupart des investisseurs forex utilisent des leviers.
Cela peut être intéressant car les prix bougent beaucoup.
Que ce soit en période de croissance ou de déclin économique, il est possible de gagner beaucoup d'argent.

La valeur d'une monnaie dépend des événements géopolitiques.

Vous voulez investir sur le marché des changes ? Alors vous pouvez utiliser un courtier comme Lynx. Vous pouvez y acheter des vlautas en fiat, entre autres.

9. Immobilier

L'immobilier est considéré par de nombreux investisseurs comme l'une des meilleures opportunités d'investissement possibles. Non seulement la valeur d'un bien immobilier peut augmenter, mais vous pouvez également obtenir un rendement en le louant. La location d'un appartement en copropriété peut facilement rapporter 1 200 euros par mois. Malgré le fait qu'un immeuble de rapport semble attrayant, il est difficile d'acheter un bien immobilier. Vous devrez disposer d'un capital important.

En période d'inflation, un immeuble de rapport peut être judicieux. Les prix des biens immobiliers augmentent avec l'inflation, tout comme les revenus de la location.

Caractéristiques de l'investissement dans l'immobilier
Investir dans l'immobilier est moins risqué.
Vous pouvez gagner un revenu passif grâce aux locations.
La valeur des biens immobiliers a fortement augmenté au cours des 50 dernières années.

Idéal en période de forte inflation, car les revenus locatifs et la valeur augmentent avec elle.

Nécessite beaucoup d'argent, donc ne convient pas à tout le monde.

10. Fonds de placement immobilier (FPI).

Un REIT, abréviation de Real Estate Investment Trust, est un produit d'investissement qui suit la valeur d'une organisation immobilière. Cette organisation gère un grand nombre de biens immobiliers qu'elle loue. Lorsque la valeur des biens immobiliers augmente, la valeur du REIT peut également augmenter. En effet, lorsqu'elle gagne beaucoup d'argent, les chances d'obtenir un meilleur revenu d'exploitation sont plus élevées.

Si vous souhaitez investir dans l'immobilier, mais que vous n'avez pas assez d'argent pour acheter des biens immobiliers, vous pouvez investir dans une FPI. Ces types de FPI sont généralement vendus sous la forme de FNB.

Caractéristiques de l'investissement dans les FPI

Vous pouvez profiter de la hausse des prix de l'immobilier sans avoir besoin de beaucoup d'actifs.
Vous ne gagnez pas de revenu passif et vous dépendez du gestionnaire de la FPI.
Populaire en période d'inflation car les prix de l'immobilier et les revenus locatifs augmentent pendant ces périodes.

Vous voulez investir dans une FPI ?

Ensuite, vous pouvez utiliser un courtier en actions, comme DeGiro. Là, vous pouvez également acheter des REITs.

Vous avez lu ce que sont les principaux produits d'investissement. En investissant de l'argent, vous pouvez gagner plus d'argent sans travailler physiquement pour cela. Bien sûr, un investissement peut aussi mal tourner. De nombreux investisseurs perdent de l'argent parce qu'ils n'ont pas suffisamment de connaissances. Il est donc important de faire des recherches appropriées avant de placer votre argent dans l'un de ces produits.

La hausse des taux d'intérêt ?

L'économie est en constante évolution. Des périodes de croissance économique alternent avec des périodes de stagnation ou de contraction économique. Il en a toujours été ainsi et il en sera toujours ainsi. Divers facteurs déterminent si nous nous trouvons dans une période de croissance ou de contraction économique. Par exemple, l'inflation joue un rôle important. Une forte baisse du pouvoir d'achat peut entraîner une récession. Mais les taux d'intérêt jouent également un rôle important dans notre économie.

Entre 2018 et 2021, nous avons connu des taux d'intérêt bas. Il était assez bon marché d'emprunter de l'argent pendant ces périodes. Les banques ont vu leurs marges se réduire et leurs bénéfices s'évaporer. Les marchés d'investissement étaient en plein essor, et de nombreuses personnes ont choisi d'investir leur argent dans des actions ou des crypto, par exemple.

À partir de 2022, nous avons assisté à une hausse des taux d'intérêt. Il devient alors plus coûteux d'emprunter de l'argent, et moins de personnes choisissent d'investir leur argent dans des actions ou des crypto. Au lieu de cela, il devient plus intéressant de placer l'argent dans des obligations ou de le laisser sur un compte d'épargne.

Dans cet chapitre, nous vous expliquons ce que sont les taux d'intérêt et pourquoi ils sont en hausse. Nous examinons également de plus près les conséquences de la hausse des taux d'intérêt et nous vous disons si vous devez vous inquiéter de la hausse des taux d'intérêt.

Qu'est-ce que l'intérêt ?

Les intérêts sont les frais qu'une partie reçoit pour avoir prêté de l'argent. L'intérêt est un pourcentage calculé sur le principal (le montant prêté). Vous empruntez 100 000 euros à un taux d'intérêt de 2 % ? Cela signifie que vous payez 200 euros d'intérêts chaque mois pour le prêt que vous avez contracté. En plus des intérêts, vous devrez également rembourser la dette. Il est donc important de tenir compte de deux montants différents lorsque vous contractez un emprunt. C'est un fait connu à la télévision et à la radio, mais c'est bien vrai : emprunter de l'argent coûte de l'argent.

On peut imaginer de nombreuses fonctions pour l'intérêt. Par exemple, l'intérêt garantit que les parties sont disposées à prêter leur argent, ce qui est important pour la croissance économique. L'argent emprunté peut être utilisé pour lancer une start-up, construire une entreprise ou acheter une maison. Cela signifie que l'argent continue d'affluer et que les entreprises peuvent bénéficier des dépenses effectuées par les particuliers et les autres entreprises.

Les intérêts découragent les gens de rembourser leur dette en retard. Plus longtemps vous avez une dette en cours, plus longtemps vous devez payer des intérêts sur celle-ci. Dans de nombreux cas, vous payez des intérêts chaque mois sur l'entreprise que vous avez empruntée. Il est également possible de payer des intérêts trimestriellement ou annuellement, selon les accords passés par les parties concernées.

L'inflation fait que l'argent prend de moins en moins de valeur. L'intérêt compense la diminution de la valeur de l'argent créée par l'inflation. C'est un outil que les banques centrales peuvent utiliser pour inciter les gens à augmenter la valeur de leur argent. Pour ce faire, elles doivent garder leur argent sur un compte d'épargne ou investir dans des obligations. Les obligations sont des prêts aux gouvernements. Ils versent des intérêts aux détenteurs de ces obligations.

Sans les intérêts, les banques centrales ne seraient pas en mesure d'influencer l'économie. Les intérêts sont donc extrêmement importants pour la santé de notre économie. Les périodes de croissance économique doivent pouvoir être ralenties, tandis que les banques centrales doivent également être en mesure de stimuler la croissance économique.

Taux d'intérêt du crédit (intérêts de l'épargne)
Lorsque vous avez de l'argent sur un compte d'épargne, vous recevez des intérêts créditeurs. On appelle aussi cela des intérêts d'épargne. L'argent sur un compte d'épargne est prêté par les banques aux personnes qui ont besoin d'argent. De cette façon, les banques peuvent gagner de l'argent sur l'argent des clients, qui en profitent bien sûr aussi.

Intérêts débiteurs

On parle d'intérêts débiteurs lorsque vous devez payer des intérêts sur un prêt que vous avez contracté. La forme la plus connue de facturation d'intérêts débiteurs est l'hypothèque. Dans ce cas, les consommateurs empruntent de l'argent pour l'achat d'un bien immobilier, le bien servant de garantie.

Qu'en est-il des taux d'intérêt négatifs ?

En 2021, de nombreuses personnes ont dû faire face à des taux d'intérêt négatifs. Certaines personnes ont dû payer de l'argent sur l'argent qu'elles gardaient sur un compte d'épargne. Les taux d'intérêt bas rendent les marges des banques très faibles. Elles ne peuvent obtenir pratiquement aucun rendement sur l'argent qu'elles prêtent. Ce faible taux d'intérêt débiteur est ensuite répercuté sur le taux d'intérêt créditeur, ce qui donne lieu à un taux d'intérêt négatif.

En Europe, certaines banques imposaient des taux d'intérêt négatifs aux personnes qui avaient plus de 50 000 euros sur un compte d'épargne. Lorsque les taux d'intérêt augmentent, les économistes s'attendent à ce que les taux d'intérêt négatifs disparaissent également. En effet, la marge de profit des prêts d'argent deviendra alors plus importante.

Pourquoi les taux d'intérêt augmentent-ils ?

Les taux d'intérêt augmentent généralement sous l'impulsion des banques centrales. Elles veulent influencer l'économie en ajustant les taux d'intérêt. Les taux d'intérêt sont souvent relevés lorsque l'inflation est élevée. Comme mentionné précédemment, les taux d'intérêt peuvent être utilisés comme un outil contre l'inflation. L'inflation entraîne une baisse du pouvoir d'achat des consommateurs. Des taux d'intérêt élevés permettent aux gens de gagner de l'argent sur leurs économies.

Lorsque les taux d'intérêt sont élevés, il devient plus intéressant de placer de l'argent sur un compte d'épargne. À l'inverse, lorsque les taux d'intérêt sont bas, il est intéressant de le dépenser ou de l'investir dans des produits de placement, tels que des actions, des ETF et des cryptocurrences.

Dans de nombreux cas, l'inflation survient après une poussée de croissance économique. Les banques dépensent plus d'argent pour donner un coup de fouet à l'économie. Les faibles taux d'intérêt rendent attrayant le fait d'emprunter de l'argent et d'investir dans une start-up ou un logement. L'impression d'argent et la possibilité d'emprunter facilement de l'argent sont des facteurs d'inflation.

Quels sont les effets de la hausse des taux d'intérêt ?
La hausse des taux d'intérêt rend l'emprunt plus coûteux et donc plus difficile. En effet, vous devez payer des frais plus élevés. Dans le même temps, il devient intéressant de conserver son argent sur un compte d'épargne, car les rendements y sont plus élevés.

Emprunter de l'argent devient plus cher
Des taux d'intérêt élevés rendent la souscription d'un prêt hypothécaire peu attrayante. L'exemple suivant, dans lequel nous comparons des taux d'intérêt faibles et élevés, permet de mieux comprendre ce phénomène.

Un débutant veut acheter une maison au prix de 250 000 euros. Il souhaite demander un prêt de 250 000 euros à la banque. Il remboursera ce prêt tous les mois pendant les 30 prochaines années (360 mois). Cela représente un versement de 694,44 euros par mois. Au moment où le prêt est contracté, le taux d'intérêt est de 1 %, ce qui est très faible. Ainsi, l'intérêt annuel (1 % de 250 000) est de 2 500 euros, ce qui lui fait payer 208,33 euros d'intérêt chaque mois. Cela signifie que le démarreur doit payer 902,77 euros à la banque chaque mois.

Des années plus tard, un autre démarreur souhaite également acheter une maison de 250 000 euros. Le starter demande un prêt de 250 000 euros. Cependant, le taux d'intérêt est actuellement de 6 %, ce qui est très élevé. Ce débutant devra payer annuellement (6% de 250.000) donc 15.000 euros d'intérêts, soit 1.250 euros par mois. Ce débutant devra payer à la banque 1944,44 euros par mois.

Ces deux exemples montrent clairement la conséquence de taux d'intérêt élevés. Il est très coûteux d'emprunter de l'argent lorsque les taux d'intérêt sont élevés. C'est pourquoi nous constatons que le marché immobilier se refroidit dès que les taux d'intérêt sont relevés.

Gagner plus d'argent sur l'épargne
Les taux d'intérêt élevés ne doivent pas toujours vous coûter plus cher. Vous pouvez également gagner plus d'argent lorsque les taux d'intérêt sont élevés. En effet, les banques versent des intérêts plus élevés sur l'épargne. Il peut alors être très intéressant d'épargner de l'argent dans une banque. Cela a un effet sur l'économie, que l'on peut mieux comprendre à l'aide d'un exemple.

En période de faible taux d'intérêt, vous ne recevez presque rien sur l'argent que vous déposez dans une banque. Si le taux d'intérêt est de 1 % et que vous avez 50 000 euros sur un compte d'épargne, vous recevrez 500 euros par an. C'est très peu. Il est donc plus intéressant de placer son argent dans des produits qui offrent un rendement plus élevé. Dans des périodes comme celle-ci, nous constatons une croissance économique, notamment parce que de nombreuses personnes investissent leur argent dans des actions, des biens immobiliers, des cryptocurrences ou d'autres produits d'investissement.

Si le taux d'intérêt passe à 6 %, vous gagnerez 3 000 euros par an sur un compte bancaire de 50 000 euros. C'est nettement plus que les 500 euros de l'exemple précédent. Pour les personnes disposant d'un patrimoine important, il est plus intéressant et plus sûr de laisser son argent sur un compte d'épargne que de l'investir dans des produits de placement risqués. Cela peut faire baisser la valeur des différents marchés et entraîner un marché baissier des crypto-monnaies.

Plus d'argent pour les fonds de pension
La hausse des taux d'intérêt est bénéfique pour les fonds de pension. Lors du calcul des réserves de retraite, le niveau des intérêts est très important. Le calcul de la réserve pour pensions permet aux caisses de retraite de savoir de combien d'argent elles ont besoin pour pouvoir assurer une pension à chacun à l'avenir.

Des taux d'intérêt bas signifient que l'argent du fonds de pension croît moins vite que dans les périodes où les taux d'intérêt sont élevés. Par conséquent, la population doit payer des cotisations de retraite plus élevées lorsque les taux d'intérêt sont bas. Une autre possibilité est que les fonds de pension versent moins d'argent aux retraités. En fait, dans les années précédant 2022, il semblait que cela allait se produire. En 2022, cependant, les taux d'intérêt ont augmenté, de sorte que cela ne serait pas nécessaire.

Les taux d'intérêt élevés augmentent l'argent de la caisse de pension. Nous devons alors payer moins de cotisations de retraite, et les retraités n'ont plus à se soucier d'eux-mêmes.

Les marchés d'investissement perdent de la valeur
Dans de nombreux cas, les taux d'intérêt élevés ne sont
pas une bonne chose contre les marchés
d'investissement, des actions et des cryptocurrences,
par exemple. Les investisseurs trouvent plus intéressant
de garder leur argent sur un compte bancaire ou
d'investir dans des obligations. En effet, un taux
d'intérêt plus élevé permet également de gagner plus
d'argent grâce aux investissements dans les obligations.

En outre, un taux d'intérêt plus élevé signifie que les
bénéfices calculés que les entreprises peuvent réaliser à
l'avenir sont plus faibles, ce qui signifie une valeur plus
faible de l'entreprise. Les investisseurs préfèrent donc
ne pas placer leur argent dans des actions.

Dois-je m'inquiéter des taux d'intérêt élevés ?
Il est normal que les taux d'intérêt baissent et
augmentent. Par conséquent, de nombreuses
personnes n'ont pas à s'inquiéter de la hausse des taux
d'intérêt. Cependant, des taux d'intérêt élevés peuvent
être négatifs dans certaines situations. En particulier
pour les personnes qui veulent emprunter de l'argent,
par exemple pour acheter une maison, les taux d'intérêt
élevés peuvent être gênants. Les taux d'intérêt élevés
peuvent également être désagréables pour les
investisseurs, car la croissance économique stagne ou
même décline en période de taux d'intérêt élevés.

Des taux d'intérêt élevés peuvent également s'avérer
avantageux. Dans ce cas, il est plus facile de rémunérer

l'épargne que vous déposez dans une banque. Vous pouvez également gagner plus d'argent en prêtant.

L'intérêt est le coût que vous payez pour prêter de l'argent, mais aussi la récompense que vous recevez pour déposer de l'argent dans une banque. Les taux d'intérêt fluctuent en permanence. Un taux d'intérêt faible rend l'emprunt d'argent facile et bon marché, tandis qu'un taux d'intérêt élevé rend l'emprunt d'argent très coûteux.

Une hausse des taux d'intérêt a de nombreux effets sur l'économie. Elle incite de nombreux investisseurs à déplacer leur argent vers des obligations et des comptes d'épargne, tandis que les acheteurs de logements dépensent beaucoup d'argent pour contracter un prêt hypothécaire.

Investir pendant l'inflation ?

L'économie est en constante évolution. Les années de croissance économique alternent avec des années d'incertitude économique, suivies d'années de croissance économique. L'inflation est un élément important de la croissance et de la contraction économiques. Lorsque l'inflation augmente, le pouvoir d'achat diminue et nous pouvons acheter de moins en moins de choses avec le même argent.

Bien sûr, vous ne voulez pas que votre argent durement gagné prenne de moins en moins de valeur. Pourtant, c'est malheureusement ce qui arrive à de nombreuses personnes lorsqu'elles laissent leur argent sur un compte bancaire augmenter. De nombreuses personnes choisissent donc d'investir leur argent. La valeur des produits d'investissement peut augmenter. Lorsque cette augmentation est supérieure aux hausses inflationnistes, le patrimoine peut être protégé avec succès contre la baisse du pouvoir d'achat.

Investir en période d'inflation et d'incertitude économique est moins facile qu'en période de croissance économique. C'est pourquoi, dans ce chapitre, nous allons vous expliquer comment vous pouvez protéger vos actifs contre l'inflation, en utilisant des produits d'investissement.

Ce que vous devez savoir sur l'inflation

La valeur d'une monnaie fiduciaire, comme l'euro ou le dollar américain, peut fluctuer tout comme la crypto. Par exemple, la valeur de l'euro peut baisser ou augmenter par rapport au dollar américain. La fluctuation d'une monnaie fiduciaire est normale, mais elle peut avoir des conséquences bien plus importantes que la fluctuation d'un produit d'investissement.

On parle d'inflation lorsqu'une monnaie prend de moins en moins de valeur et que l'on peut acheter moins avec la même somme d'argent. Les prix des produits et des services augmentent, tandis que la valeur de la monnaie fiduciaire reste à la traîne. Vous pouvez donc acheter moins aujourd'hui avec le même euro qu'hier : le pouvoir d'achat diminue.

L'inflation est de tous les temps. L'inflation a lieu chaque année. Dans le cas le plus idéal, l'inflation se situe autour de 2-3% par an, car c'est le signe d'une économie saine. Toutefois, le taux d'inflation peut aussi être beaucoup plus élevé, comme ce fut le cas en 2022. Vous trouverez ci-dessous un aperçu des taux d'inflation aux Pays-Bas entre août 2021 et mai 2022. Comme vous pouvez le constater, le taux d'inflation augmente de manière significative.

Dans quoi faut-il investir en cas d'inflation ?
Laissez-vous votre argent sur un compte bancaire ? Il prendra alors de moins en moins de valeur en raison de l'inflation. De nombreuses personnes choisissent donc d'investir leur argent. Cela permet de s'assurer que la

valeur des actifs augmente, empêchant ainsi le pouvoir d'achat de baisser davantage.

Toutefois, investir en période d'inflation élevée est plus difficile qu'il n'y paraît. Lorsque l'inflation augmente plus rapidement que d'habitude, de nombreuses personnes choisissent de retirer leur argent des investissements. Ils préfèrent avoir des liquidités, juste au cas où ils en auraient besoin. Il en résulte une chute des marchés financiers, et parfois une crise.

1. Produits de base et parts des producteurs de produits de base

Le prix des produits de base est inextricablement lié à l'inflation. En effet, l'inflation se produit lorsque les prix des produits et des services augmentent. Les matières premières sont à la base de tous les produits, et souvent des services, que vous pouvez acheter. En outre, vous avez de nombreuses possibilités, car il est possible d'investir dans un grand nombre de matières premières. Pensez au vin, au chêne, à l'électricité, aux céréales, à l'huile de tournesol, au gaz naturel, au fer, aux métaux précieux, à la viande, aux pommes, etc.

Heureusement, il n'est pas nécessaire d'acheter physiquement ces matières premières si vous souhaitez investir dans celles-ci. Il est possible d'investir dans les matières premières via les Exchanges Traded Funds (ETF). Vous le faites sur la plate-forme d'un courtier en valeurs mobilières, tel que DeGiro.

Malheureusement, investir dans les matières premières n'est pas aussi facile qu'il y paraît. Le prix d'une matière première, qui dépend de l'offre et de la demande, peut être extrêmement volatile. Les conflits géopolitiques, par exemple, peuvent entraîner une modification de l'offre et de la demande. Prenez par exemple les sanctions que les pays s'imposent les uns aux autres.

2. Revenu des biens immobiliers

Naturellement, l'immobilier est considéré comme l'un des produits d'investissement les plus solides. Au cours des dernières décennies, la valeur des biens immobiliers a augmenté. En même temps, les biens immobiliers peuvent être loués, ce qui vous permet de gagner un revenu mensuel passif grâce à l'immobilier.

L'immobilier va bien avec l'inflation. Une hausse de l'inflation entraîne une hausse des prix de l'immobilier, et donc une hausse des prix des loyers. En tant que propriétaire, vous pouvez gagner un revenu plus élevé lorsque l'inflation augmente. Cela fait d'un immeuble de placement l'un des meilleurs outils contre la hausse de l'inflation.

En 2022, le prix moyen des maisons aux Pays-Bas est passé à environ 400 000 €, ce qui montre qu'un investissement dans l'immobilier n'est pas à la portée de tous. Il vous faudra donc disposer d'un patrimoine important si vous souhaitez tirer un revenu de l'immobilier.

3. Fonds de placement immobilier (FPI)

Heureusement, il est également possible d'investir dans l'immobilier par le biais de REIT, que vous pouvez acheter sous forme d'ETF. Le VanEck Vectors Mortgage REIT Income ETF (MORT) est un exemple d'un tel ETF, qui vous permet de protéger vos actifs contre la hausse de l'inflation grâce à l'immobilier. Ce type d'ETF peut également être acheté sur la plateforme d'un courtier en actions.

REIT est l'abréviation de Real Estate Investment Trust et désigne les sociétés ou organisations qui gagnent de l'argent grâce à des investissements immobiliers. Ces types de sociétés possèdent de grandes quantités de biens immobiliers, dont elles tirent des revenus par la location. Comme vous l'avez lu, les prix des logements et les revenus locatifs augmentent souvent avec l'inflation. Cela signifie que le revenu d'une FPI peut augmenter en période de forte inflation.

En investissant dans un ETF REIT, vous pouvez profiter des avantages de l'investissement immobilier. Toutefois, les FPI présentent également un certain nombre d'inconvénients. Par exemple, la valeur d'une FPI est très sensible et liée aux taux d'intérêt. Une hausse de l'inflation est souvent suivie d'une hausse des taux d'intérêt. Des taux d'intérêt plus élevés incitent les entreprises à préférer laisser leur argent sur un compte bancaire plutôt que de l'investir dans d'autres produits de placement. En outre, une FPI doit payer des impôts fonciers élevés, ce qui peut faire baisser les bénéfices d'une FPI.

4. Métaux précieux (or, argent et platine)

Les métaux précieux tels que l'or ou l'argent sont très populaires en période de crise économique. L'or, en particulier, est considéré comme une protection contre l'inflation, ce qui n'est pas surprenant. L'or est utilisé comme moyen de paiement depuis des siècles. La quantité d'or disponible dans le monde est limitée. Une fois que tout l'or aura été extrait, l'offre n'augmentera plus. Il en va de même pour l'argent et le platine, dont l'offre est d'ailleurs plus importante.

Néanmoins, investir dans l'or présente également des inconvénients lorsque nous avons affaire à des taux d'inflation élevés. En effet, les banques centrales ont tendance à augmenter les taux d'intérêt dès que l'inflation augmente. Il est bien sûr plus intéressant de placer son argent dans un produit qui offre un rendement, ce qui est possible dès que les taux d'intérêt augmentent. Garder de l'or est sûr, mais dans ce cas moins rentable.

Investir dans les métaux précieux ne doit pas être difficile. Vous pouvez créer rapidement et facilement un compte sur GoldRepublic. Vous pouvez y investir en ligne dans de l'or, de l'argent ou du platine physiques. Vous pouvez faire envoyer vos lingots à votre domicile ou les stocker dans le coffre-fort de GoldRepublic.

5. Les titres du Trésor protégés contre l'inflation (TIPS)

Les Treasury Inflation-Protected Security (TIPS) peuvent être un outil parfait contre l'inflation pour de nombreuses personnes. Les TIPS sont une sorte d'obligations du gouvernement américain, qui sont indexées sur l'inflation. De cette façon, les investisseurs en TIPS sont protégés contre une forte inflation.

Si vous possédez un TIPS, vous pouvez vous faire payer deux fois par an à un taux fixe. La valeur du TIPS dépend de l'inflation. L'achat et la vente de TIPS dépendent donc du temps. Les TIPS sont disponibles en trois échéances différentes : 5 ans, 10 ans et 30 ans.

Vous pouvez acheter des TIPS sous forme d'ETF sur la plateforme d'un courtier. Il existe plusieurs TIPS, il peut donc sembler difficile d'acheter le bon produit. Vous pouvez rechercher le iShares TIPS Bond ETF (TIP), le Schwab US TIPS ETF (SCHP) et le FlexShares iBoxx 3-Year Target Duration TIPS Index ETF (TDTT) sont les trois TIPS les plus connus.

Avant de commencer à utiliser les TIPS, il est important de noter ce qui suit. En période de déflation ou de baisse de l'indice des prix à la consommation (IPC), la valeur des TIPS peut diminuer. Une augmentation du prix peut vous faire payer plus d'impôts. Les TIPS sont également très sensibles à une variation des taux d'intérêt. Il est donc crucial de déterminer le bon point d'entrée et de sortie.

6. Jalonnement cryptographique

Les investissements crypto semblent moins attrayants en période de forte inflation qu'auparavant. L'expérience passée a montré que la valeur du marché crypto chute lorsque nous sommes confrontés à des taux d'inflation élevés. Il y a de fortes chances que votre patrimoine se réduise une fois que vous l'aurez investi en crypto en période de forte inflation. Par conséquent, il peut être plus intéressant d'investir de l'argent dans un produit qui rapporte. Si vous voulez effectivement faire quelque chose avec la crypto, la grève de la crypto pourrait être une option.

Le jalonnement est l'immobilisation de crypto-monnaies et de jetons afin de contribuer à la sécurité du réseau blockchain et à la validation des transactions. Vous pouvez créer vous-même un nœud de validation au sein du réseau Proof-of-Stake (PoS), mais vous avez également la possibilité de confier la mise à un autre validateur.

Externaliser une mise est plus facile que de mettre en place un validateur. Vous pouvez le faire assez facilement au sein du porte-monnaie cryptographique natif d'une blockchain. En faisant une recherche à ce sujet sur Google, vous découvrirez rapidement les possibilités. Il existe également de plus en plus de bourses où vous pouvez miser, comme Binance, Bitvavo et Coinmerce. Vous pouvez y apporter rapidement et facilement des pièces pour la grève à partir de votre portefeuille de crypto-monnaie.

En contrepartie de votre contribution, vous recevrez des récompenses. Le montant des récompenses dépend du nombre de jetons que vous mettez en jeu, ainsi que de l'activité du réseau. Plus les transactions sont nombreuses, plus les utilisateurs paient des frais de transaction.

L'un des investisseurs les plus grands et les plus connus au monde, Warren Buffett, s'est exprimé à de nombreuses reprises sur les investissements en période d'inflation.

En période de forte inflation, vous souhaitez naturellement protéger vos actifs contre la baisse du pouvoir d'achat. Cependant, investir en période de contraction économique n'est pas aussi facile qu'il n'y paraît. Dans ce chapitre, nous vous avons indiqué les produits dans lesquels vous pouvez investir pour protéger votre patrimoine contre une forte inflation :

- Produits de base et actions des producteurs de produits de base
- Revenu des biens immobiliers
- Fonds de placement immobilier (FPI)
- Métaux précieux (or, argent et platine)
- Treasury Inflation-Protected Security (TIPS).
- Grève des crypto-monnaies

Bien entendu, il ne s'agit que d'exemples. De nombreux investisseurs choisissent ces produits d'investissement, mais cela ne signifie pas que ces produits vous conviennent également. Par conséquent, faites toujours vos propres recherches sur ces produits et déterminez quel est le choix le plus judicieux pour vous. Vous pouvez le faire en effectuant une analyse fondamentale ou technique, par exemple.

Investissements en crypto-monnaies

Si vous êtes intéressé par les crypto-monnaies, mais que vous n'êtes pas encore à fond dedans, vous êtes au bon endroit. Dans ce chapitre, je vous expliquerai comment en savoir plus sur les projets de crypto-monnaies et les crypto-monnaies intéressantes, comment faire vos propres recherches et je vous donnerai quelques conseils.

Que sont les crypto-monnaies ?
Alors que par le passé, nous placions principalement nos économies à la banque, dans une vieille chaussette ou dans des obligations, il existe aujourd'hui davantage de moyens d'augmenter la valeur de votre argent. L'un de ces moyens est d'investir dans les crypto-monnaies.

La définition officielle peut être trouvée ici et là sur internet et elle se lit comme suit :

Monnaies numériques dans lesquelles les transactions sont vérifiées et les données conservées par un système décentralisé utilisant la cryptographie, plutôt que par une autorité centralisée.

 Monnaies numériques dans lesquelles les transactions sont vérifiées et les données conservées par un système décentralisé qui utilise la cryptographie, plutôt que par une autorité centralisée.
C'est une sacrée phrase et il y a de fortes chances que cela ne vous donne pas encore une image de votre

investissement potentiel. Après tout, que sont exactement les crypto-monnaies ?

Bien sûr, il y a l'argent liquide, tel que nous le connaissons, mais en plus de cela, il existe une forme numérique de pièces. Il ne s'agit pas de pièces ou de billets tangibles, mais d'une combinaison de nombres et de chiffres, que vous pouvez échanger. La pièce la plus connue est le bitcoin (BTC) et l'Ethereum (ETH) arrive en deuxième position.

Comment fonctionne la technologie des crypto-monnaies ?
Crypto est un terme numérique, il n'est donc pas surprenant qu'il implique un bon nombre d'ordinateurs. Ces merveilleuses pièces numériques proviennent d'un vaste réseau d'ordinateurs. Ces machines effectuent collectivement toutes sortes de calculs complexes, nous appelons cela la cryptographie.

Contrairement à notre monnaie fiduciaire, ces pièces ne peuvent pas se briser et sont très difficiles à frauder. Elles sont stockées en toute sécurité dans un réseau et seul le propriétaire actuel a accès à ses crypto-monnaies. Comme le propriétaire a accès à la monnaie grâce à un mot de passe, il peut l'utiliser pour payer des choses, les transférer à d'autres, etc. On ne peut pas casser une pièce d'euro en morceaux, mais on peut casser un bitcoin en 8 décimales. Tout cela fonctionne sur la base de la technologie blockchain.

Avantages de la crypto-monnaie

Avant d'entrer dans le vif du sujet, laissez-moi partager avec vous les avantages de la crypto :

La vitesse de transaction varie selon la blockchain, mais en général, un paiement en crypto-monnaie est effectué en quelques secondes.
Les transferts d'argent internationaux peuvent être assez coûteux, mais un paiement en crypto est souvent plusieurs fois moins cher.
Si vous respectez toutes les précautions, c'est un moyen extrêmement sûr de payer, d'épargner et de prendre sa retraite.
Grâce à la technologie blockchain, il s'agit d'un système transparent.

Diversifier son portefeuille est très facile. Si vos actions montent, votre crypto descend et vice versa.
Tout le monde peut négocier des crypto-monnaies.

Les principales crypto-monnaies de 2022
Dans un instant, je vais vous expliquer comment déterminer quelles pièces numériques vous devriez ou ne devriez pas acheter, ou plutôt comment le découvrir. Je ne suis pas en mesure de donner des conseils financiers et je n'en ai pas l'intention. Ne prenez jamais les conseils de quelqu'un d'autre pour argent comptant, faites toujours vos propres recherches ! Ce qui peut être parfait pour quelqu'un d'autre peut être dramatique pour vous. Soyez prudent, car cela comporte des

risques ! Commençons par les meilleures pièces de 2022 (jusqu'à présent, c'est-à-dire jusqu'en juin 2022), d'après mon opinion et ce que je rencontre en moyenne dans mon réseau :

- Bitcoin (BTC)
- Ethereum (ETH)
- Binance Coin (BNB)
- Polka Dot (DOT)
- Ripple (XRP)
- Solana (SOL)
- Décentralisation (MANA)

Comment déterminez-vous votre stratégie en matière de crypto-monnaies ?

Pour commencer, aucune stratégie n'est identique. Déterminez d'abord vous-même ce que vous voulez obtenir avec vos investissements. Voulez-vous garder vos pièces pour une courte durée, parce que vous voulez les revendre immédiatement pour en tirer un joli profit ou investissez-vous dans votre avenir ? La plupart des investisseurs que je connais misent tout sur la diversification. Cela signifie qu'ils construisent un portefeuille étendu et diversifié, dans lequel différents actifs prennent leur place. Pensez aux crypto-monnaies, aux actions, aux ETF, à l'or, etc.

3 stratégies cryptographiques

Votre approche peut évidemment être unique et vous pouvez la façonner comme vous le souhaitez.

Cependant, il existe trois grandes lignes de pensée dans le monde de la blockchain et des crypto, à savoir :

Vous avez probablement entendu parler de HODL, qui est lui-même un mélange du mot holden : tenir, c'est-à-dire tenir.

En investissant davantage dans les altcoins, vous pouvez encore réaliser de beaux coups. Investir les bénéfices de ces placements dans des pièces stables, comme le Bitcoin (BTC) et l'Ethereum (ETH), est également un moyen d'accroître votre patrimoine.

Le trading actif de crypto-monnaies est également une autre façon de construire simplement de la richesse. Vous pouvez le faire de plusieurs façons, en investissant régulièrement dans des pièces et en achetant et vendant activement, en fonction des prix bien sûr.

C'est un travail qui prend du temps, mais regardez aussi les index, comme Bitpanda. Cela peut être très intéressant, surtout pour un débutant !

Vous voulez savoir quels sont les éléments cruciaux d'une stratégie de trading, selon nos experts ?

Élément n° 1 : règles de négociation
Élément n° 2 : gestion des risques
Élément n° 3 : les délais
Élément n° 4 : Analyse technique (AT)
Élément n° 5 : Backtesting

Élément n° 6 : se réinventer

Points à prendre en compte lors de l'achat de crypto, il existe plusieurs fondamentaux des crypto monnaies, que vous devez prendre en compte. Nous appelons également cela l'analyse fondamentale. Voici les facteurs que vous devez prendre en compte :

Facteurs internes

- Combien de pièces sont en circulation ?
- Quel est le prix de la pièce ?
- Quelle est la capitalisation du marché ?
- Quel est le taux de hachage ?
- Facteurs externes

Cela dit, vous avez aussi les facteurs externes, que vous pouvez évaluer en examinant les points suivants :

- Qui sont les concurrents ?
- Quel est le contexte ?
- Y a-t-il une feuille de route ?
- Quel est le statut de la tokenomique ?

S'il n'y a pas de noms connus de blockchain et de crypton impliqués dans l'équipe, alors je plongerais en plus pour voir si ça vaut le coup. L'expérience et le réseau sont souvent un atout supplémentaire pour le démarrage !

Quelle crypto dois-je acheter en ce moment ?

Nous avons maintenant parlé de toutes sortes de questions annexes, comme l'analyse fondamentale et technique et les meilleures performances de cette année. Mais comment savoir quelle crypto acheter maintenant, en dehors de l'analyse ? Eh bien, c'est et cela reste un risque. J'achète moi-même des pièces avec une grande régularité et j'opte parfois pour la lenteur et la régularité, mais j'aime aussi le pari. Parfois, je réussis en négociant très rapidement, alors que ma sœur a subi une énorme perte le même jour avec la même pièce. C'est et ce sera toujours passionnant, dans ce monde volatile.

Assurez-vous que vos objectifs sont clairs, que vous savez dans quoi vous vous engagez et que vous ne mettez pas de l'argent que vous ne pouvez pas vous permettre de perdre.

Que faire dans le marché baissier actuel ?
Il est peut-être inutile de le mentionner, mais si vous envisagez d'entrer maintenant, vous devez faire face à un marché baissier. Les prix sont en baisse et le sentiment du marché est assez négatif, donc la confiance est faible. Cela va se rétablir, mais gardez cela à l'esprit pendant un certain temps. Le marché baissier actuel est causé par la guerre entre la Russie et l'Ukraine, la pandémie et les taux d'inflation élevés. Ce sont là quelques conseils :

- Regardez objectivement (donc ne vous laissez pas guider par vos émotions) les pièces que vous souhaitez conserver ou fermer.
- Gérez vos actifs avec sagesse et faites un peu de gestion des risques.
- Gardez un capital sur votre compte bancaire et attendez patiemment.
- Restez au courant et ne soyez pas étranger, car la situation peut changer à tout moment.
- Veillez à ce que vos actifs se trouvent toujours sur un porte-monnaie matériel, tel que Ledger X, afin que vous puissiez toujours accéder à vos propres actifs.
- Examinez d'autres options d'investissement, comme l'or et l'argent.

Comme vous l'avez lu, il n'existe pas de stratégie unique pour les achats de crypto-monnaies et il n'y a certainement pas de taille unique. Vous devez faire de nombreuses recherches, et si vous cherchez de l'aide ou utilisez certaines informations de base, comme ces blogs, il s'agit toujours de faire votre propre plan. Être indépendant financièrement commence ici.

Si vous êtes plus âgé ou si vous disposez déjà d'un certain patrimoine, il est préférable de vous en tenir au bitcoin et à l'éther. Si vous êtes plus jeune, vous avez encore toute la vie devant vous et vous êtes aussi plus flexible, alors vous pourriez vouloir prendre un risque. Note : Encore une fois, il s'agit de généralités, chaque personne a une situation unique. Soyez-en bien conscient !

Actuellement, nous nous trouvons dans une situation pas très favorable pour commencer, ou peut-être que c'est, juste ce que vous voulez. Ce marché baissier va certainement se terminer bientôt, alors gardez un œil attentif sur la situation du marché.

Comment protéger votre investissement dans un marché baissier ?

Un marché baissier est une période pendant laquelle le sentiment du marché des crypto est négatif et les prix des crypto-monnaies chutent. En tant que trader de crypto, il est difficile de protéger le capital pendant un tel marché baissier. Bien sûr, il y a certaines crypto-monnaies qui prennent de la valeur, bien que dans la plupart des cas, cela se produise à petite échelle. Il est fort probable que vous souhaitiez principalement protéger votre propre capital de toutes les baisses de valeur.

Dans ce chapitre, nous allons discuter de certaines méthodes que les traders de crypto réussis utilisent pour protéger leurs actifs pendant un marché baissier. Vous pourriez vouloir considérer ces méthodes lorsque vous recherchez une stratégie à suivre pendant le marché baissier.

Comment naissent les marchés baissiers ?
Les marchés baissiers peuvent se manifester de différentes manières. Par conséquent, il existe également différents types de marchés baissiers. Dans certains cas, un marché baissier ne dure que quelques mois, alors que dans d'autres, il peut durer plusieurs années. Il est donc difficile de déterminer exactement comment un marché baissier apparaît.

Le marché baissier de 2018

116

Selon toute vraisemblance, le marché baissier de 2018 s'est produit lorsqu'un grand nombre d'investisseurs n'avaient plus confiance dans les crypto-monnaies comme le bitcoin (BTC). Au cours des années précédentes, la crypto gagnait en importance. Où que vous soyez, chez le coiffeur ou chez le boulanger, il semblait que tout le monde avait investi son argent dans la crypto.

Dans les médias, mais aussi par les politiciens, on a surtout parlé d'une "bulle sur le point d'éclater". Les politiciens déconseillaient aux gens d'investir dans la crypto parce que ce serait très risqué et dangereux. Une grande partie des propriétaires de crypto ayant peu ou pas d'expérience en la matière, ils ont été assez facilement influencés par les médias. Ils entendent dire que tout le monde achète des crypto-monnaies ? Alors ils le font. Est-ce qu'ils entendent que tout le monde vend des crypto-monnaies ? Alors ils le font aussi. Nous appelons également ce phénomène FOMO (Fear Of Missing Out).

Lorsque le bitcoin a presque atteint une valeur de 20 000 USD, une grande partie des propriétaires de BTC ont décidé de vendre leurs pièces. La confiance dans le marché a disparu, et les prix des autres crypto-monnaies ont également fortement chuté. Nous sommes entrés dans un marché baissier, qui a finalement duré environ un an et demi à deux ans.

Le marché baissier de 2022

117

Le marché baissier de 2022 n'est pas terminé à l'heure
où nous écrivons ces lignes. Cependant, ce marché
baissier a un certain nombre de causes différentes de
celui de 2018. Pendant la crise coronaire, les banques
centrales ont imprimé beaucoup d'argent. En 2022,
cela, combiné à la guerre entre la Russie et l'Ukraine, a
provoqué des taux d'inflation élevés. L'argent a perdu
de sa valeur, ce qui nous a permis d'acheter de moins
en moins avec la même quantité d'argent. Une période
d'incertitude s'est ouverte.

En période d'incertitude, les gens préfèrent avoir leurs
actifs en monnaie fiduciaire. L'investissement s'inscrit
davantage dans les périodes d'optimisme économique ;
les gens ont confiance en l'avenir et osent prendre le
"pari" d'investir leur argent. Cela contribue alors à la
croissance économique.

Comment protéger mon capital dans un marché baissier
des crypto-monnaies ?
Lorsque vous voyez la valeur de votre portefeuille
chuter, la panique peut s'installer. Et si la valeur ne
remonte jamais ? Et si mes actifs baissent encore plus ?
Et si j'ai des problèmes et que j'ai besoin de cet argent ?

Il est important de ne pas paniquer et d'aborder les
choix de manière rationnelle. Réfléchissez bien aux
décisions que vous devez prendre pendant un marché
baissier. Même si un choix peut sembler anodin, il peut
avoir un impact considérable sur un marché baissier.

Essayez de faire abstraction de vos sentiments et de penser logiquement.

Je vous explique ci-dessous comment d'autres investisseurs protègent leur capital pendant un marché baissier. Il s'agit aussi bien du capital détenu sur un compte bancaire que du capital investi dans des produits financiers.

1. Décidez des postes que vous souhaitez conserver ou fermer

Si tout va bien, vous savez quelles sont les positions que vous avez en ce moment. Sinon, vous pouvez faire un tour d'horizon de toutes vos positions. Vous pouvez ainsi déterminer les positions que vous souhaitez conserver pendant un marché baissier et celles qu'il vaut mieux fermer.

Les investisseurs performants examinent les perspectives d'avenir d'une position. Par exemple, une position détenue à long terme peut être conservée. Supposons que vous possédiez des bitcoins et que vous pensiez que leur valeur dépassera leur prix d'achat dans 10 ans, vous pourriez décider de conserver cette position.

Mais peut-être vous attendez-vous à ce que la valeur du bitcoin diminue encore. Il pourrait alors être intéressant de vendre des bitcoins, puis de les racheter lorsque leur valeur aura encore baissé. De cette façon, vous protégez votre capital contre une nouvelle baisse et vous achetez plus de bitcoins pour la même somme d'argent.

Bien sûr, il est important de faire ces choix sur la base de recherches. Vous pouvez utiliser l'analyse fondamentale ou technique par exemple.

2. N'ayez pas peur de fermer des positions

Juste un complément à ce que nous avons mentionné ci-dessus. Vous entendez souvent les propriétaires de crypto parler de " HODL ". Dans plusieurs cas, c'est une tactique qui fonctionne bien pour un grand nombre de crypto traders. Pourtant, il peut aussi être important de fermer des positions.

Pendant un marché baissier, nous voyons les prix de toutes les crypto-monnaies chuter. Personne ne sait jusqu'à quel niveau de prix la baisse va se poursuivre. Les années précédentes, le bitcoin était la première crypto-monnaie à prendre de la valeur, suivi par les altcoins.

De nombreux traders crypto prospères clôturent des positions de altcoins considérées comme risquées et à haut risque. Il s'agit principalement de pièces à faible capitalisation : des pièces qui ont une faible capitalisation boursière. Après un marché baissier, les pièces à faible capitalisation sont, si l'on regarde l'histoire, les dernières pièces à prendre de la valeur.

Pour de nombreux traders, cela n'a donc aucun sens de conserver des positions à faible capitalisation. Ils préfèrent déplacer le capital de ces types de positions vers des pièces de grande taille comme le bitcoin, puis attendre que le marché se redresse. C'est à ce moment-là, s'ils croient encore en ces pièces, qu'ils investiront à nouveau dans ces types de pièces à faible capitalisation.

Fermer ou conserver des positions fait bien sûr partie de la gestion des risques.

3. Déplacer le capital vers des produits d'investissement éprouvés

Dans de nombreux cas, l'histoire se répète. Cela s'applique également au marché économique. Les périodes de croissance économique alternent avec les périodes de contraction économique. Lorsque nous examinons le passé, nous constatons qu'un certain nombre de produits d'investissement donnent de bons résultats pendant les marchés baissiers.

La majorité des gens font confiance aux métaux précieux comme l'or et l'argent lorsque les temps sont incertains sur le plan économique. Si l'on considère le cours historique de l'or, on constate que sa valeur n'a fait qu'augmenter sur le long terme. Un grand nombre d'investisseurs transfèrent donc leurs actifs vers les métaux précieux.

Bien sûr, le rendement que l'on peut obtenir avec les métaux précieux est inférieur à celui possible avec les crypto-monnaies. Cependant, il ne s'agit pas non plus de générer des rendements. Pendant un marché baissier, les traders en crypto-monnaies veulent protéger leur capital de la chute des prix. Les métaux précieux sont un excellent moyen pour de nombreux traders de le faire.

4. Stocker le capital sur un compte bancaire et être patient

Cela peut sembler un conseil stupide. Pourtant, il y a quelque chose à dire à ce sujet. Lorsque nous sommes dans un marché baissier des crypto-monnaies, mais que d'autres marchés subissent également des baisses de prix, il est difficile de décider dans quoi il vaut mieux investir. En période d'incertitude économique, les prix des actions, des indices, des fonds, de l'immobilier, des crypto-monnaies, des métaux précieux, des ETF, etc. peuvent chuter. Trouver le bon produit d'investissement peut être considéré comme une tâche impossible.

Les experts en crypto et en investissement choisissent donc d'être patients dans de nombreux cas. Ils conservent leur capital sur un compte bancaire, font des recherches sur les nouvelles crypto-monnaies et attendent d'attraper des signaux indiquant que le marché baissier semble se diriger vers sa fin.

Lorsqu'un marché baissier a atteint son point le plus bas, les cryptocurrences peuvent être achetées au prix le plus bas. Bien entendu, cela s'applique également à d'autres produits d'investissement. Dès que vous achetez un produit au prix le plus bas possible, vous pouvez obtenir le meilleur retour sur investissement possible.

Bien sûr : lorsque vous gardez votre argent sur un compte bancaire, il perd de sa valeur en raison de l'inflation. Cependant, lorsque vous investissez un capital pendant un marché baissier, la valeur du capital peut baisser beaucoup plus rapidement que sur un compte bancaire. En attendant tranquillement que le creux de la vague soit atteint, vous pouvez maximiser votre rendement et récupérer deux fois la baisse de valeur - induite par l'inflation. Bien sûr, cela diffère selon la devise et le marché baissier. C'est pourquoi vous devez toujours faire vos propres recherches sur votre situation.

5. Continuez à rechercher les opportunités et les possibilités

Pendant un marché baissier, vous voulez bien sûr protéger votre capital autant que possible. Mais après un marché baissier, vous voulez obtenir un rendement aussi élevé que possible. Ne restez pas immobile pendant un marché baissier, mais continuez à rechercher différents projets de crypto qui pourraient prendre de la valeur après le marché baissier. On ne dit pas pour rien que les "futurs millionnaires" naissent pendant les marchés baissiers.

De nombreux traders en crypto ne placent pas leur argent pendant un marché baissier. Ils disposent ainsi de plus de temps pour effectuer des recherches. Il serait sage de ne pas désespérer, mais plutôt de se concentrer sur ce qui vient après le marché baissier. Vous avez fait vos recherches ? Vous pouvez alors frapper dès que vous pensez que le marché baissier est terminé.

6. Stockez les crypto-monnaies sur des portefeuilles froids

Pendant un marché baissier, il y a moins de liquidité sur les protocoles et les échanges décentralisés. De même, les bourses centrales voient leurs revenus diminuer. La diminution des liquidités peut mettre en difficulté les protocoles décentralisés. En outre, il n'est pas inconcevable qu'un échange central fasse faillite pendant un marché baissier.

Bien entendu, les bourses et les protocoles DeFi promettent toujours que vos pièces de crypto-monnaies vous appartiennent vraiment et qu'ils ne peuvent pas s'en emparer. Cependant, la crypto est un marché moins réglementé, et de nombreux scénarios impensables sont devenus réalité par le passé (pensez au fiasco de Terra).

Les experts en crypto-monnaies préfèrent stocker leurs crypto-monnaies sur un portefeuille matériel pendant un marché baissier. Vous avez alors le contrôle total de vos propres actifs, sans être dépendant d'une autre partie. Ledger et Trezor sont des éditeurs bien connus de cold wallets. Vous pouvez y stocker pratiquement toutes les crypto-monnaies.

Pendant un marché baissier, il est difficile de déterminer la meilleure façon d'utiliser votre capital. Bien sûr, vous voulez protéger vos actifs autant que possible contre une baisse de valeur. Lorsque les prix d'autres marchés, tels que les actions et les métaux précieux, chutent également, et que la monnaie fiduciaire perd de sa valeur en raison de l'inflation, il est encore plus difficile de trouver une stratégie pour protéger votre capital.

De nombreux traders de crypto qui réussissent protègent leur capital en utilisant les méthodes ci-dessus. Malgré le fait que de nombreux autres traders utilisent ces méthodes, il est bien sûr toujours important de faire une évaluation de votre situation et de rechercher les différentes options de protection du capital.

Diversification dans un marché baissier

De nombreux investisseurs entrent sur le marché des crypto-monnaies pendant un marché haussier : les prix augmentent, les attentes sont favorables, il y a une grande confiance dans le marché, et malheureusement les risques sont souvent oubliés.

Si le marché se transforme alors en marché baissier, de nombreux investisseurs ne sont pas bien préparés à cette éventualité et perdent beaucoup d'argent. Il est pourtant possible d'éviter cela en répartissant les risques en diversifiant votre portefeuille. En diversifiant, vous réduisez les risques liés à vos investissements, sans que cela ne se fasse au détriment de vos rendements.

Ce chapitre explique exactement ce qu'est la diversification, pourquoi elle est importante en période de marché baissier et comment construire un portefeuille équilibré.

Qu'est-ce qu'un marché baissier ?
Sur le marché des crypto-monnaies, on distingue généralement deux grandes périodes : le bull market et le bear market. Ces termes font référence à la façon dont ces animaux attaquent leurs proies et sont utilisés comme une métaphore des mouvements du marché.

Au cours d'un marché haussier, nous voyons les prix augmenter de manière significative sur une longue période et il y a un niveau élevé de confiance parmi les investisseurs. On peut donc le comparer à un taureau qui lève ses cornes en l'air.

Un marché baissier, quant à lui, se caractérise par des baisses rapides et brutales sur une période prolongée, avec une faible confiance dans le marché. Un peu comme un ours qui sort ses griffes. Sur le marché traditionnel, des baisses de 20% sont rapidement considérées comme un marché baissier. Sur le marché des crypto-monnaies, cependant, des baisses de 20 % se produisent régulièrement et peuvent donc être considérées comme tout à fait normales. Dans le cas d'un véritable marché baissier sur le marché des crypto-monnaies, vous devez donc envisager des baisses plus importantes. Des baisses de plus de 90 % ne sont pas exceptionnelles. La demande est alors très faible et l'offre très importante, ce qui entraîne une forte baisse des prix.

Risques pendant un marché baissier
Pendant un marché baissier, un certain nombre de risques spécifiques apparaissent.

Dépréciation du portefeuille
Parce que les prix des crypto-monnaies baissent si rapidement, votre portefeuille va également perdre de la valeur. Et ce, si vous ne bougez pas et ne faites rien. Si votre portefeuille perd 90% de sa valeur, il n'est pas impensable que cela vous rende anxieux et paniqué. C'est encore pire si vous paniquez ensuite et vendez votre portefeuille en subissant une perte énorme.

127

Disparition de crypto-monnaies

Un autre risque qui vient s'ajouter à cela est que de nombreuses crypto-monnaies et projets disparaîtront pendant un marché baissier et ne reviendront pas. Alors que l'on s'attend à ce que la plupart des grandes crypto-monnaies remontent lors du prochain marché haussier, de nombreuses petites crypto-monnaies disparaîtront à jamais. Donc si vous aviez investi dans celles-ci, vous pourriez perdre beaucoup d'argent. Seuls les projets crypto qui sont vraiment bien construits survivront au marché baissier.

Faillite de crypto-échanges/plateformes.
Les bourses de crypto-monnaies et autres plateformes de crypto-monnaies peuvent également avoir des problèmes à cause des fortes baisses de prix. Si elles ne peuvent plus faire face à leurs obligations en conséquence, cela peut conduire à la faillite. Si une bourse fait faillite et que vous y détenez votre crypto à ce moment-là, la probabilité que vous récupériez un jour votre argent investi est très faible.

La crypto détenue par l'échange tombera dans la masse de la faillite. En tant que client de cet échange, vous n'êtes qu'un créancier non garanti, ce qui signifie que vous serez l'un des derniers à être payé par la masse. Dans la plupart des cas, à ce moment-là, la masse est vide depuis longtemps et donc insuffisante pour rembourser tous les créanciers, vous laissant les mains vides. Une expression populaire dans le monde de la crypto est donc : "Pas vos clés, pas vos pièces". Si vous ne possédez pas la clé de votre portefeuille, comme c'est le cas avec les crypto-échanges, vous n'avez pas le contrôle de votre crypto.

Vols et escroqueries

Enfin, nous constatons souvent, à la fin d'un marché haussier/début d'un marché baissier, que les grands vols, les escroqueries et d'autres formes de criminalité cryptographique entraînent une grande agitation sur le marché de la crypto, ce qui amène les gens à perdre confiance dans le marché de la crypto. Même après cela, les voleurs et les escrocs aiment frapper quand il y a de la panique, exactement ce qui se passe pendant un marché baissier. Pensez aux vols et aux piratages de protocoles, de crypto-échanges ou même de votre portefeuille, qui peuvent vous faire perdre votre crypto.

Il est donc bon de réfléchir aux risques qui surviennent pendant un marché baissier. Vous pouvez faire des profits élevés avec la crypto, mais certainement aussi des pertes élevées, surtout pendant un marché baissier. Et c'est quelque chose que beaucoup de gens ne prennent pas assez en compte, ce qui signifie qu'ils finissent par perdre beaucoup d'argent pendant un marché baissier. Et ça, bien sûr, c'est vraiment dommage !

La question suivante est alors de savoir comment se préparer à ces risques, afin d'éviter autant que possible

129

de perdre son argent ? La réponse est : la
diversification.

Qu'est-ce que la diversification ?
La diversification est une stratégie d'investissement qui
répartit le risque entre plusieurs types de produits
financiers, de secteurs et/ou de plateformes. L'objectif
est de minimiser le risque auquel l'investisseur est
confronté en répartissant son investissement total
entre différents éléments qui ne sont pas tous affectés
par le même événement négatif.

Un risque désigne ici la probabilité qu'un événement
indésirable se produise à l'avenir et ait un impact
négatif sur la réalisation de vos objectifs. Dans le cas
des investissements, cela se traduira concrètement par
la possibilité de subir une perte. Vous devez donc
effectivement prévenir que si un certain événement
indésirable se produit, il affectera l'ensemble de votre
investissement.

L'avenir est difficile à prévoir, mais nous pouvons nous y
préparer du mieux que nous pouvons. La diversification
est donc un élément important à prendre en compte
lors de la constitution de votre portefeuille. En
diversifiant, vous réduisez les risques de vos
investissements sans avoir à sacrifier vos rendements.

Répartir les risques
De nombreux nouveaux investisseurs entrent sur le
marché des crypto-monnaies pendant un marché

haussier, puis décident d'acheter et de négocier des crypto-monnaies en raison de la hype et du fomo. Les prix augmentent considérablement, les attentes sont favorables, il y a une grande confiance dans le marché, et malheureusement les risques sont souvent oubliés. Si le marché se transforme alors en marché baissier et qu'une correction majeure se produit avec les risques susmentionnés, de nombreux investisseurs ne sont pas bien préparés à cela et perdent beaucoup d'argent. Bien que cela puisse être évité en répartissant les risques.

Vous pouvez répartir vos risques en 1 : diversifiant votre portefeuille en investissant dans différents produits et secteurs financiers et 2 : en répartissant votre portefeuille sur différentes plateformes et portefeuilles. Ces deux options seront expliquées plus en détail ci-dessous.

Diversifiez votre portefeuille
Comme nous l'avons mentionné, la diversification ne consiste pas seulement à acheter différents types de crypto-monnaies, mais aussi à répartir votre investissement sur plusieurs produits et secteurs financiers. Si nous regardons le passé, nous constatons que pendant un marché baissier des crypto-monnaies, certains actifs se comportent mieux que d'autres. Cela s'explique par le fait que certains secteurs ou entreprises peuvent profiter quand d'autres subissent des pertes.

Il est donc utile de répartir votre portefeuille de manière à ce qu'une certaine circonstance défavorable du marché n'affecte pas tous vos investissements. Pour ce faire, vous pouvez par exemple HODLER au moins une partie de vos crypto-monnaies et/ou en acheter un peu plus à chaque fois, vendre une partie de vos crypto-monnaies et les convertir en diverses pièces stables et en monnaie fiduciaire, et également en investir une partie dans, par exemple, des actions, des obligations ou des métaux précieux et des matières premières. Idéalement, votre portefeuille devrait être composé de produits financiers de différents secteurs et régions.

Pièces de monnaie cryptées
La diversification en achetant différentes crypto-monnaies garantit que les ralentissements sont absorbés par les autres crypto-monnaies que vous possédez. Cela réduit le risque de votre portefeuille comme si vous n'aviez investi votre argent que dans un seul type de crypto-monnaie et vous êtes moins vulnérable au risque. Par exemple, si vous aviez investi tout en Terra (Luna), vous auriez vu la totalité de votre investissement s'évaporer après le crash. Il n'est donc pas judicieux de n'avoir qu'un seul type de crypto-monnaie dans votre portefeuille. Par conséquent, essayez de vous diversifier parmi plusieurs types de crypto-monnaies, en recherchant quels projets de crypto-monnaies sont bien construits et ont le potentiel d'augmenter à l'avenir.

Dans un marché baissier, les prix des crypto-monnaies sont bas. Ainsi, cela peut être un bon moment d'achat. Cependant, il est difficile de prédire exactement quand le marché baissier a atteint son point bas, à quel moment les prix sont au plus bas. Par conséquent, une façon populaire d'investir est la méthode des achats périodiques par sommes fixes (DCA), selon laquelle vous investissez des montants égaux à intervalles réguliers, quel que soit le prix de la crypto-monnaie à ce moment-là, afin d'obtenir le meilleur rendement possible. Par exemple, vous achetez chaque mois un certain nombre de crypto-monnaies différentes pour 100 €.

Pièces et monnaie fiduciaire stables
Les monnaies stables sont des crypto-monnaies qui s'efforcent toujours d'avoir une valeur stable. Elles sont adossées à un actif sous-jacent, auquel le prix est lié. En principe, la nature de l'actif sous-jacent importe peu, tant que la valeur totale est égale à la demande. En effet, pour garantir une valeur stable, l'offre et la demande doivent être en équilibre.

Dans de nombreux cas, le prix des pièces stables est lié à la monnaie fiduciaire, généralement le dollar américain. L'intention ici est de refléter la valeur du dollar américain, de sorte qu'il existe une crypto-monnaie stable qui peut être utilisée comme un dollar numérique, pour ainsi dire, et qui protège contre la volatilité du marché cryptographique. L'idée est donc qu'une pièce stable devrait toujours valoir environ 1,00 $. Les pièces stables offrent donc une sécurité et une

133

protection dans un marché baissier afin de garantir que la valeur de vos actifs ne chute pas. Une bonne option peut être d'abandonner vos pièces stables dans un marché baissier tout en réalisant un bénéfice. Cela permet généralement d'obtenir un rendement beaucoup plus élevé que de placer son argent sur un compte d'épargne, par exemple.

Il existe aujourd'hui de nombreux types de pièces stables. Vous trouverez ci-dessous une liste des plus populaires :

- Tether (USDT)
- Pièce de monnaie USDC (USDC)
- Binance USD (BUSD)
- Dai (DAI)

Dans la pratique, cependant, les pièces stables ne sont pas sans risque et peuvent également présenter une volatilité, voire carrément chuter en valeur. Les différents procès intentés à Tether et l'incident de Terra (Luna) en mai 2022, qui a clairement montré que TerraUSD n'est pas une monnaie stable sûre, en sont des exemples. Les pièces stables ne sont donc pas sans risque. Soyez donc prévenus.

Pour mieux répartir vos risques, il serait préférable de répartir vos actifs entre plusieurs pièces stables, plutôt que d'opter pour une seule pièce stable. Le mieux est encore d'en convertir une partie en monnaie fiduciaire, comme le dollar ou l'euro, juste pour être sûr. Si quelque chose devait arriver à une ou plusieurs pièces stables, au moins vous ne perdrez pas tout votre argent.

Autres catégories d'investissement

Comme nous venons de le mentionner, la diversification consiste non seulement à constituer un portefeuille composé de différents types de crypto-monnaies, mais aussi à se répartir sur plusieurs produits financiers. Vous pouvez diversifier votre portefeuille en investissant une partie de vos actifs dans des actions, des obligations, des métaux précieux, des matières premières ou des ETF en plus des crypto-monnaies.

Actions et obligations

Les actions sont, en termes simples, des unités négociables du capital d'une entreprise et restent actuellement le moyen le plus populaire d'investir. Ainsi, lorsque vous achetez une action, vous mettez de l'argent à la disposition d'une société et en devenez partiellement propriétaire. Lorsque l'entreprise réalise un bénéfice ou une perte, cela se reflète dans le prix des actions.

Cela montre que les actions sont également soumises à des risques. Si l'entreprise se porte bien, le prix augmente. Si l'entreprise a de mauvais résultats ou si d'autres événements négatifs se produisent, le cours chute. Il est important de noter que tous les événements n'ont pas le même effet sur les entreprises. Si une évolution peut être bénéfique pour une entreprise, elle peut être défavorable pour une autre.

Par exemple, si le prix du pétrole augmente, c'est favorable pour une société pétrolière, mais défavorable pour une société de transport.

Si une société fait faillite, en tant qu'actionnaire, vous perdrez dans la plupart des cas votre argent. C'est pourquoi, même avec des actions, il est sage de répartir votre investissement sur différentes actions. En outre, vous pouvez opter pour d'autres catégories d'investissement, comme les obligations. Une obligation est un emprunt négociable émis par des entreprises, des gouvernements ou des pays. En tant qu'investisseur, vous pouvez y investir en prêtant de l'argent, pour lequel vous recevez un pourcentage d'intérêt fixe. À la fin de la durée du prêt, vous récupérez votre argent.

Vous pouvez investir dans des actions ou des obligations par l'intermédiaire de différents courtiers. L'un des plus connus est eTorro.

Métaux précieux et matières premières
Une autre option pour assurer une plus grande diversification de votre portefeuille est d'investir dans les métaux précieux et les matières premières. Pensez non seulement à l'or, à l'argent et au pétrole, mais aussi, par exemple, au minerai de fer, au charbon, aux céréales, au café, au coton, etc.

Les matières premières sont rares et ne sont donc pas disponibles à l'infini. Leur prix est donc déterminé par l'offre et la demande, ce qui en fait un investissement intéressant. En outre, contrairement à d'autres produits financiers, les matières premières ne peuvent pas faire faillite. Toutefois, ici aussi, il faut tenir compte du risque que les prix des matières premières fluctuent fortement en raison de diverses circonstances, telles que des conflits politiques et des catastrophes naturelles.

Le métal précieux le plus populaire dans lequel investir est l'or. De nombreux crypto-traders se tournent donc vers l'or pendant un marché baissier. Vous souhaitez en savoir plus à ce sujet ? Dans ce blog, nous vous expliquons comment déplacer votre crypto vers l'or.

ETFs
Enfin, les fonds négociés en bourse (FNB) constituent un moyen facile de diversifier votre portefeuille. Les FNB, en bref, sont des fonds qui suivent un indice, une obligation, une marchandise ou un composite de plusieurs produits. Les ETF suivent la valeur des produits sous-jacents et peuvent être négociés en bourse tout comme les actions et les obligations. Il s'agit donc d'un produit financier idéal pour répartir vos risques, car vous achetez en quelque sorte simplement un groupe d'actions qui font partie d'un certain type ou d'une certaine catégorie et qui peuvent donc être très diversifiées.

Vous trouverez ci-dessous une liste de FNB populaires :

ETF indiciels : ce type d'ETF suit des indices, comme l'indice AEX.

ETF obligataires : ce type d'ETF suit les obligations.

FNB de matières premières : ce type de FNB suit les matières premières.

Les ETF sectoriels : ce type d'ETF suit un secteur entier, comme la technologie ou le pétrole.

Répartir les titres de votre portefeuille

Outre la diversification de votre portefeuille, il est important de répartir également le stockage de votre portefeuille. Comme nous l'avons mentionné, les bourses de crypto-monnaies courent le risque de faire faillite pendant un marché baissier. Lorsqu'une bourse fait faillite et que vous détenez votre crypto à ce moment-là, la probabilité que vous récupériez un jour votre argent investi est très faible. Il existe également un risque de vol et de piratage des protocoles, des bourses de crypto-monnaies ou même de votre portefeuille, qui peut vous faire perdre votre crypto. Vous pouvez vous y préparer en répartissant votre portefeuille sur différentes plateformes et portefeuilles.

Crypto et pièces stables :

Pour éviter de perdre votre crypto en raison de la faillite ou du piratage d'une bourse de crypto-monnaies, il est judicieux de ne pas stocker toutes vos crypto-monnaies sur une seule bourse. La meilleure option est de sécuriser votre crypto en utilisant un portefeuille matériel, où votre crypto est stocké hors ligne et non sur des échanges ou des plateformes. Vous pouvez en savoir plus à ce sujet dans ce blog.

La monnaie fiduciaire :
Le moyen le plus sûr de déposer votre monnaie fiduciaire est sur votre compte bancaire, et donc pas sur une crypto-échange, en raison des risques susmentionnés. Pour garantir cette sécurité, les banques sont soumises à des lois strictes et sont contrôlées. En outre, votre argent déposé dans une banque aux Pays-Bas est légalement protégé par le système de garantie des dépôts, qui vous assure de récupérer votre argent (jusqu'à un certain montant) si une banque fait faillite.

Autres catégories d'investissement :
Les plateformes où vous achetez des actions, des obligations, des métaux précieux, des matières premières et des ETF sont, comme les banques, généralement soumises à une réglementation stricte, contrairement aux crypto-exchanges et donc beaucoup plus sûres en termes de stockage. Souvent, vos actifs y sont séparés des actifs de la plateforme, ce qui signifie qu'ils ne tomberont pas dans la masse de la faillite en cas de faillite. En outre, il existe ici une règle de compensation pour les investisseurs, qui vous permet de récupérer votre investissement jusqu'à un certain montant en cas de faillite, par exemple.

Ce chapitre a largement évoqué l'importance de diversifier son portefeuille afin de répartir les risques.

L'avenir est difficile à prévoir, mais on peut s'y préparer au mieux en construisant un portefeuille équilibré, où l'on achète non seulement différents types de crypto-monnaies, mais aussi d'autres produits financiers tels que des actions, des obligations, des matières premières ou des ETF, et où le stockage de votre portefeuille est réparti. Enfin, il est important de choisir la stratégie qui vous convient le mieux !

Votre livre GRATUIT

Si vous voulez faire un début profitable dans le monde des crypto-monnaies, assurez-vous de télécharger notre bonus gratuit avec **12 conseils extrêmement précieux pour les débutants !**

Avec ce livre et ces conseils, vous êtes assuré de prendre un bon départ dans vos futurs investissements !

Inscrivez-vous ici pour obtenir un accès instantané et lancer votre succès en crypto :

https://campsite.bio/stellarmoonpublishing

ESSENTIAL
TRADING TIPS
2021-2022
12 VALUABLE
TRADING TIPS
FOR BEGINNERS
Stellar Moon Publishing

Vous cherchez une nouvelle façon d'investir ?

Vous cherchez à gagner de l'argent ?

Vous souhaitez investir mais ne savez pas par où commencer ?

Vous voulez commencer votre trading de crypto avec les connaissances d'experts réputés en finance et en investissement ?

Le cours Expert Trading crypto est le cours le plus complet sur le trading et l'investissement avec les crypto-monnaies. Vous apprendrez à trader en seulement quelques minutes par jour. Nous vous enseignons tout, de l'analyse technique à la gestion des risques, et bien plus encore.

Notre objectif est de vous aider à devenir un trader performant afin d'assurer votre avenir financier.

Investir n'a jamais été aussi facile grâce à notre plan d'action étape par étape qui enseigne aux débutants comment trader comme un expert - avec la possibilité de réaliser d'énormes profits !

La meilleure partie de ce cours est enseignée par des experts. Alors, qu'attendez-vous ? Commencez dès aujourd'hui !

Pour plus d'informations, consultez ce lien :

https://payhip.com/b/ork8N